CULTUUR BEWUST!

CUBA

Mandy Macdonald

ELMAR

Colofon

Cultuur Bewust! Cuba is een uitgave van
© Uitgeverij Elmar B.V., Rijswijk – 2009
Oorspronkelijke titel: Culture Smart! Cuba
Oorspronkelijke uitgave: © 2006 Kuperard in Groot-Brittannië
Nederlandse vertaling: Marek Zeyfert
Omslagfoto: Chevrolet uit de jaren '50 voor het Museo de la Revolución,
Havana
Travel Ink/Charlie Marsden

ISBN: 978 90389 19300

Over de auteur

MANDY MACDONALD is een Australische schrijver, researcher, redacteur en vertaler die in Schotland woont. Zij studeerde aan de universiteiten van Sydney en Cambridge en heeft zich gespecialiseerd in internationale betrekkingen en interesseert zich in het bijzonder voor Zuid-Amerikaanse emancipatie- en ontwikkelingsprojecten. Zij was in Cuba woonachtig en werkzaam als vertaler. Zij schreef boeken en artikelen over Cuba en Midden-Amerika.

Andere boeken in deze serie

inhoud

inhoud

Kaart van Cuba

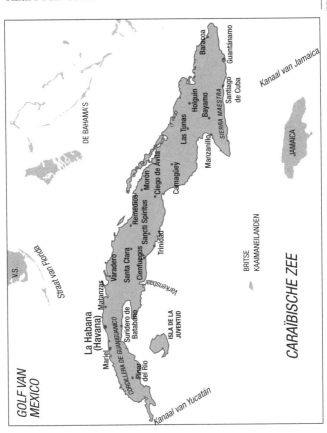

inleiding

Er wordt veel en met een sterk gevarieerde politieke overtuiging over Cuba geschreven. De luidste stemmen en meest inflexibele overtuigingen komen aan bod. Ik hoop u door middel van dit bescheiden gidsje een koers te laten varen tussen de kritiekloze steun voor de overheid van Fidel Castro en de resolute verwensing daarvan door in Amerika woonachtige bannelingen. Iedereen is het er echter over eens dat Cuba een bijzonder fascinerend land is met enorme tegenstrijdigheden: het is een van de armste landen ter wereld met een uitstekend functionerende gezondheidszorg, een ontwikkelingsland met bijna 100% analfabeten en een van de weinige landen ter wereld die onder invloed stonden van drie grootmachten – Spanje, de Verenigde Staten en de Sovjet-Unie.

Het imago van het land is onlosmakelijk verbonden met president, aanvoerder van de strijdkrachten en *maximo lider* Fidel Castro – hij staat overal centraal. Omgeven door speculaties en talloze anekdotes roept deze man altijd vurige loyaliteit, diepgewortelde haat en elke tussenliggende emotie bij mensen op. Het enige waar iedereen het over eens is, is dat Castro niet kan worden genegeerd. Inmiddels heeft Fidel wegens ziekte zijn broer Raúl als (plaatsvervangend) president aangesteld, maar de politieke klasse wordt tegenwoordig niet meer geleid door revolutionairen, maar door een nieuwe generatie jonge, goed opgeleide, competente politici en ambtenaren die gedurende jaren op hun taken werden voorbereid.

In dit boek zijn hoofdstukken opgenomen over de geschiedenis en waarden die gezamenlijk Cuba zijn huidige unieke mengeling van bruisende cultuur en politieke onverzettelijkheid geven. We belichten het dagelijks leven van de Cubanen, hoe zij bijzondere gebeurtenissen vieren en hoe u buiten de toeristische enclaves in contact kunt komen met het echte Cuba. We geven u enkele tips om het eiland te bezichtigen, over activiteiten die verder gaan dan strandbezoek en hoe u het beste zaken kunt doen op Cuba.

Cuba is aanzienlijk meer dan alleen een groot eiland met een controversieel overheidssysteem. Het is een prachtig en uitnodigend land met een rijke en zich onophoudelijk ontwikkelende cultuur die al lang bestond voordat in 1959 de Revolutie plaatsvond en nog lang zal blijven voortbestaan. De Cubaanse bevolking is volhardend, veerkrachtig, egalitair en enorm sociaal. Tegelijkertijd kunnen Cubanen bevooroordeeld zijn, zelfmedelijden uitstralen en soms zelfs ronduit lastig of vermoeiend in de omgang zijn. Men is echter altijd van goede zin en goedgeluimd. Met *Cultuur Bewust! Cuba* proberen we u in staat te stellen de Cubanen beter te leren kennen.

Belangrijke feiten

Officiële naam	*República de Cuba*	Lid van WTO, ECLAC, UNCTAD, ACP, G-77, NAM, ILO
Hoofdstad	Havana (La Habana)	Bevolking ong. 2,2 miljoen
Belangrijke steden	Santiago de Cuba, Camagüey, Trinidad, Santa Clara, Holguín	
Oppervlak	110,861 km²	
Klimaat	Subtropisch	Kans op orkanen in Augustus-Oktober
Bevolking	11,4 miljoen (schatting 2008)	Bevolkingsgroei 0,33%
Etnische samenstelling	In 1990: 51% mulatten (gemengd Spaans/Afrikaans), 37% blanken, 11% kleurlingen, 1% Chinezen	
Taal	Spaans	
Religie	Grootste christelijke groepering is rooms-katholiek. Er zijn enkele protestantse kerken, quakers en Jehova's getuigen. Er is ook een kleine joodse gemeenschap.	Veel Cubanen zijn aanhanger van de animistische yoruba-religie die in Cuba *santería* of *regla de ocha* wordt genoemd.
Overheid	Slechts één partij – de communistische partij van Cuba PCC. Elke vijf jaar worden er verkiezingen gehouden voor de Nationale Assemblee.	

Munteenheid	Peso. De US$ werd in 1993 tot wettig betaalmiddel verheven; de converteerbare peso (CUC) werd in 1995 ingevoerd en nam vanaf 2004 de plaats van de dollar in.	De Cubaanse peso noch de CUC kan buiten Cuba worden gebruikt. De CUC is gekoppeld aan de koers van de dollar.
Media	Dagbladen: *Granma*, *Juventud Rebelde*, *Trabajadores*. Diverse tijdschriften en weekbladen	3 nationale tv-zenders; 7 nationale radiostations. Alle media staan onder controle van de overheid.
Engelstalige media	*Granma International*, wekelijks in het Engels en diverse andere talen. *Cartelera*, tweetalig tweewekelijks cultureel tijdschrift.	
Elektriciteit	110 volt, 60 Hz. Sommige hotels beschikken over 220 volt.	Voor Europese apparatuur is een adapter nodig en de stekkerdozen zijn niet altijd even veilig.
Video/tv	NTSC-systeem.	
Telefoon	Landcode van Cuba is 53. Er is een kengetal voor provincies en steden.	Om vanuit Cuba naar het buitenland te bellen kiest u 119. Veel gesprekken worden via de centrale aangevraagd.
Tijdzone	GMT minus 5 uur.	Zomertijd GMT minus 4 uur (mrt-okt).

hoofdstuk een

LAND EN VOLK

GEOGRAFIE

Het lange, elegant gevormde eiland Cuba ligt in de turkoois getinte wateren van de Caraïbische Zee. Cubanen beweren dat het eiland lijkt op een slapende krokodil. Dit is de grootste van de Antillen, gelegen in de monding van de Golf Van Mexico, slechts 180 km verwijderd van Florida. Cuba is feitelijk samengesteld uit een archipel bestaande uit het hoofdeiland, het kleine Isla de la Juventud (Eiland van de Jeugd) aan de zuidwestelijke kust en ongeveer 1600 koraalrifjes en rotsige eilandjes. Het oppervlak van Cuba bedraagt 110.861 km^2 (ruim 2,5 keer zo groot als Nederland). Het hoofdeiland is 1250 km lang en 100 km breed.

Het grootste gedeelte van Cuba bestaat uit laaggelegen, glooiende heuvels met boerderijen, suikerrietplantages, moerassen en beboste heuvels. De drie belangrijkste bergruggen zijn de Sierra Maestra in het oosten (hoogste punt van Cuba: Pico Turquino, 1974 m), de Sierra del Escambray in het midden en de Cordillera de Guaniguanico in het westen.

Het westelijke landschap wordt gekenmerkt door *mogotes*: steile, verweerde kalksteen heuvels die recht uit de vlakte oprijzen. Slechts enkele van de vele rivieren zijn bevaarbaar. Circa 4% van het hoofdeiland bestaat uit moeraslanden; het grootste moerasgebied is het Zapata Nationale Park in het zuidwesten.

Circa 14% van het Cubaanse landoppervlak is uitgeroepen tot beschermd natuurgebied en het land telt dan ook veertien nationale parken. Zeven beschermde gebieden zijn aangewezen als UNESCO natuurreservaat. Hiertoe behoren het reservaat nabij Baracoa in de oostelijke provincie Guantánamo (met de langste rivier van Cuba, de Río de Miel) en het Parque Baconoa (32.400 ha) nabij Santiago de Cuba.

Cuba telt veertien provincies, inclusief de hoofdstad en een speciale gemeente, het Isla de la Juventud. Ongeveer 20% van de 11,35 miljoen inwoners leeft in de hoofdstad Havana.

KLIMAAT

Cuba kent een subtropisch klimaat met temperaturen die gewoonlijk schommelen tussen 22 en 27° C. Omdat het eiland een oost-west ligging heeft, waait er altijd een verkoelende zeewind

(passaat) maar in juli en augustus kan de temperatuur in het binnenland desondanks oplopen tot 36° C. Tussen december en februari bedraagt de gemiddelde

temperatuur 20° C, maar er kunnen zich in die
periode vanuit het noorden koudefronten
aandienen die gepaard gaan met hevige neerslag
en een scherpe daling van de temperatuur.

Februari en maart zijn de droogste
maanden en oktober is de natste.
Jaarlijks valt er 1320 mm neerslag,
waarvan het meeste in de bergen en het
minste aan de zuidelijke kust. Toch kan het weer binnen

een uur of twee plotseling omslaan van een
onbewolkte hemel tot hevige regenbuien
en weer terug naar zonneschijn. Als het
regenseizoen nadert, stijgen de
temperatuur en luchtvochtigheid en
zoeken veel mensen de stranden op – de
temperatuur van het zeewater is dan
ongeveer 25° C.

Orkanen

Cuba ligt in de Caraïbische orkaanzone en orkanen doen
zich meestal voor in de periode tussen augustus en
oktober. Gemiddeld wordt Cuba eens in de drie jaar door
een orkaan getroffen, waarbij eens in de negen jaar de
orkaan pal over het eiland trekt.

In 2004 en 2005 werd Cuba voor de eerste keer in twee
opeenvolgende jaren getroffen door een orkaan – in 2008
trok orkaan Gustav over het eiland. Cuba bereidt zich op
efficiënte wijze voor op orkanen: er worden in hotels en
openbare gebouwen hulpposten ingericht en de bevolking

wordt via radio-uitzendingen op de hoogte gehouden. Alle moderne hotels zijn bestand tegen orkanen en de oudere hotels zijn verstevigd en aangepast.

BEKNOPTE GESCHIEDENIS

Nadat de laatste zendingen Cubaans suiker in 1990-91 tegen een kunstmatig hooggehouden tarief aan de Sovjet-Unie werden geleverd, zakte Cuba weg in een diepe economische recessie waar men pas recentelijk enigszins uit is herrezen. Toen de recessie zich aandiende was het de eerste keer in de geschiedenis dat Cuba op eigen benen stond – al vonden weinig Cubanen dat destijds iets om trots op te zijn. Dit beknopte overzicht geeft een beeld van de lange Cubaanse tocht naar de ware, maar moeizaam verkregen onafhankelijkheid.

Oorsprong en verovering

De eerste inwoners van Cuba waren de Guanajatabey – jagers en vissers die omstreeks 2500 v. Chr. migreerden vanuit de noordelijke kuststreken van het Zuid-Amerikaanse vasteland. Later werden zij naar de westelijke punt van het eiland verdreven door twee stammen Arawak-indianen (Siboney en Taínos) die een meer ontwikkelde landbouwcultuur introduceerden.

De levensvreugde van deze bevolkingsgroep kwam in oktober 1492 abrupt tot een eind, toen Columbus dit eiland bereikte, dat hij overigens uitriep tot de mooiste plek op aarde. Cuba was de tweede plaats waar

Columbus in Amerika voet aan wal zette en hij bleef tot het eind van zijn leven geloven dat Cuba deel uitmaakte van een groot continent. Vanaf ongeveer 1510 werd het eiland onder aanvoering van Velázquez de Cuéllar door Spanje geannexeerd en opgeëist door de katholieke kerk. Bartolomé de las Casas, de Spaanse priester die de gruwelijke uitroeiing van de inheemse bevolking beschreef in zijn verslag *Geschiedenis van de West-Indische landen,* vroeg zich in alle openheid af hoe hiermee de doelstellingen van zijn God en kerk werden gediend. De mensen die niet werden afgeslacht, werden als slaaf ingezet op hun eigen landerijen. Rond 1515 waren de meeste steden van het eiland al gesticht.

Een opstand onder aanvoering van de inheemse hoofdman Hatuey, die in 1511 of 1512 gevangen werd genomen en levend werd verbrand, is symbool geworden voor Cubaans verzet. Halverwege de 16^e eeuw waren de meeste Taínos gedood en degenen die gevlucht waren, trokken zich terug in de bergen waar ze tot in de 20^e eeuw wisten te overleven.

Plundering en piraterij

In de 16^e en 17^e eeuw gebruikte Spanje Cuba aanvankelijk als uitvalsbasis voor nieuwe veroveringstochten en later als overslagplaats voor het goederenvervoer van en naar het Amerikaanse continent. De bezetters realiseerden zich al gauw dat

Cuba strategisch gelegen was in de monding van de Golf van Mexico, wat van pas kwam bij de verdediging van het nieuwe rijk tegen aanvallen van de Fransen, Nederlanders en Engelsen.

De Spanjaarden exporteerden hout, leer, citrusvruchten, tabak en – in toenemende mate – suiker. De suiker werd geproduceerd door slaven die op uitgestrekte plantages tewerk werden gesteld. Het eerste bewijs voor de aanwezigheid van Afrikaanse slaven in Cuba dateert uit 1513 en in de 17ᵉ eeuw was de slavenhandel tot grote bloei gekomen. De steeds lucratiever wordende handel en de patrouilles in de wateren rond Amerika trokken de aandacht van kapers en piraten die de kuststeden veel schade berokkenden. Hiertoe behoorde ook Francis Drake, die met zijn vloot in 1589 in de buurt van Cuba rondzwierf.

Spanje deed geen enkele poging om de Cubaanse economie te ontwikkelen: alles wat verbouwd werd was voor export bedoeld en het was voor kolonisten verboden om handel te drijven met andere landen dan Spanje. Deze economische beperkingen duurden voort tot aan de jaren 1950, toen 75% van de Cubaanse landbouwgrond in buitenlandse – voornamelijk Amerikaanse – handen was. Havana profileerde zich in die jaren echter als voortvarende handelsstad en centrum van vertier.

Een kortstondige Britse bezetting

In 1762 werd Havana door een grote vloot ingenomen als onderdeel van een Brits offensief tegen Spanje aan het eind van de Zevenjarige Oorlog (1756-63). De Britse bezetters ontwikkelden meteen de handel tussen Cuba en Engeland, inclusief haar Noord-Amerikaanse gebiedsdelen. Binnen een jaar werden Cuba en de Filippijnen conform het Verdrag van Parijs (1763) in ruil voor Florida teruggegeven aan Spanje. Helaas ging de slavenhandel uit Afrika onverminderd voort.

Afhankelijk van suiker

Toen de Europese en Amerikaanse vraag naar suiker enorm steeg, was Cuba bereid deze te leveren. In 1827 was Cuba uitgegroeid tot 's werelds grootste producent van suiker en suiker zou gedurende bijna tweehonderd jaar het belangrijkste exportproduct blijven.

Voor de productie was echter de inzet van veel slaven nodig. Toen in 1791 de slavernij werd afgeschaft in Santo Domingo (de huidige Dominicaanse Republiek) en in 1803 in Haïti, trokken verbannen slaafeigenaren naar oostelijk Cuba. De ontwikkeling van stoommachines en de aanleg van spoorwegen in de 19ᵉ eeuw hadden een gunstige invloed op de productiecapaciteit en winstmarges, maar de slaven en andere arbeiders kregen het steeds zwaarder.

Aan het begin van de 19ᵉ eeuw verkregen vele Latijns-Amerikaanse landen onafhankelijkheid van Spanje, maar Cuba behoorde hier niet toe – de winsten uit Cuba waren gewoon te groot om zomaar op te geven. Al vanaf de voorgaande eeuw hadden de creoolse planters (*criollos*, in Cuba geboren maar van Spaanse origine) niet veel op met de koloniale machthebbers en wilden kunnen beschikken over eigen landerijen. Ook wilden zij de mogelijkheid hebben om vrije handel te kunnen drijven. Door de emigratie van arme Spanjaarden naar Cuba en de zich ontwikkelende handelsbanden met de Verenigde Staten werd deze roep steeds luider en rationeler. Spanje bleef echter vasthouden aan zijn melkkoe en pas in 1878 werden toezeggingen gedaan om de mogelijkheden voor hervormingen en meer autonomie te onderzoeken.

Losbreken van Spanje

De Tienjarige Oorlog (1868-78) brak uit toen in oktober 1868 Manuel de Céspedes – een creoolse planter – al zijn slaven op zijn kleine plantage La Demajagua in vrijheid stelde en de onafhankelijkheid uitriep. Hij deed dat in een toespraak die iedere Cubaan kent als *El Grito de Yara*. Duizenden bevrijde slaven, werklieden en contractarbeiders sloten zich aan bij het rebellenleger van Céspedes dat op het slagveld werd aangevoerd door Máximo Gómez en Antonio Maceo. Omdat Spanje steeds meer militairen inzette, gingen de rebellen (nu *mambises* genoemd, naar de Dominicaanse

vrijheidsstrijder Juan Mambí) over tot guerrillatactieken. Na de dood van Céspedes in 1874 leidde een patstelling tot het Pact van Zanjón, waarbij planters en Spanje enkele hervormingen overeenkwamen. De slavernij werd uiteindelijk in 1886 afgeschaft, maar Cuba maakte nog altijd deel uit van Spanje en het verzet bleef broeien.

In 1894 zegde Spanje een handelsakkoord op tussen de Verenigde Staten en Cuba, wat de directe aanleiding was voor de oorlog die in 1895 uitbrak. De rebellen saboteerden de suikerindustrie en vernielden Spaanse bezittingen, waarop Spanje de plaatselijke bevolking onderbracht in concentratiekampen, waar duizenden mensen omkwamen. De rebellie werd wederom geleid door Gómez en Maceo en steunde op de politieke idealen van José Martí (zie kader). In 1897 bood Spanje Cuba autonomie aan, maar de rebellen eisten volledige onafhankelijkheid.

De eindstrijd werd uitgevochten tijdens de kortstondige Spaans-Amerikaanse Oorlog (1898) die uitbrak nadat het Amerikaanse oorlogsschip USS *Maine* op 15 januari onder verdachte omstandigheden in de haven van Havana explodeerde. Op 21 april verklaarde het Amerikaanse congres de oorlog aan Spanje en

Amerikaanse troepen behaalden op oostelijk Cuba snel de overwinning. In april 1899 werd een vredesakkoord getekend, waarbij Cuba, Puerto Rico, Guam en de Filippijnen in Amerikaanse handen kwamen.

JOSÉ MARTÍ, NATIONALE HELD

José Martí werd in 1853 te Havana geboren en werd een van de grootste Latijns-Amerikaanse schrijvers en journalisten. Hij was internationaal ingesteld en maakte zich sterk voor rassengelijkheid. Zijn politieke activisme maakte hem tot nationale held van Cuba tijdens de Tweede Onafhankelijkheidsoorlog.

Als banneling in de Verenigde Staten wist hij van andere Cubaanse bannelingen steun te krijgen voor de onafhankelijkheidsbeweging. Hij was ook de eerste om te waarschuwen tegen het gevaar van de Amerikaanse invloed in Cuba toen Amerikaanse ondernemingen zich na afschaffing van de slavernij over de suikerindustrie ontfermden. Hij werd aan het begin van de opstand neergeschoten en dodelijk getroffen. Naast beeltenissen van Castro zijn overal afbeeldingen van Martí te vinden: in scholen, ziekenhuizen en overheidskantoren – zelfs op het bankbiljet van 1 peso.

De pseudorepubliek

De Spaanse nederlaag betekende echter niet dat Cuba onafhankelijkheid kreeg. In de praktijk werd de Spaanse overheersing vervangen door Amerikaanse: de militaire bezetting duurde voort tot 1902 en daarna werd er *de facto* geregeerd via het Platt Amendment. Dit was een overeenkomst tussen Cuba en de Verenigde Staten waarin de V.S. het recht hadden te allen tijde in te grijpen 'om de onafhankelijkheid van Cuba te garanderen, evenals een overheid te beschermen die pal staat voor de bescherming van het leven, de eigendommen en de vrijheid van het individu'. Dankzij deze overeenkomst kon Amerika zijn marinebasis in Guantánamo in 1903 inrichten om vier keer in te grijpen voordat de overeenkomst in 1934 werd ontbonden.

In 1902 werd Cuba onder president Tomás Estrada Palma nominaal onafhankelijk, maar vanwege de armoede, ongeletterdheid en zwakke gezondheid van de bevolking, bleef het land geheel afhankelijk van de Verenigde Staten. De V.S. ondernamen net zo weinig om Cuba te ontwikkelen als Spanje in de tijd ervoor. De suikerindustrie werd gemoderniseerd en gemechaniseerd,

maar groeide uit tot een monopolie waar alleen de V.S. de vruchten van plukten. Amerika vormde immers het grootste afzetgebied voor de Cubaanse suiker en was ook de grootste investeerder in deze tak van industrie. Halverwege de jaren 1920 bestuurden Amerikaanse maatschappijen twee derde van de Cubaanse agrarische industrie. De grote vraag naar suiker betaalde voor de bouw van indrukwekkende openbare gebouwen en luxeueze huizen voor de rijken, maar de arme bevolking werd buitengesloten. Amerikaanse ondernemingen legden wegen en spoorwegen aan, vestigden banken, bouwden een elektriciteitsnetwerk op en realiseerden 's werelds eerste volautomatische telefoonsysteem – alle winsten die hiermee werden behaald werden overgeheveld naar Amerika.

Het mag geen verrassing zijn dat de Cubaanse overheid over weinig politieke macht of autoriteit beschikte. Corruptie vierde hoogtij, in het bijzonder onder het bewind van generaal Gerardo Machado (1925-33), terwijl verzet van de arbeidersbeweging genadeloos werd onderdrukt. De Cubaanse communistische partij werd in 1925 opgericht en hield vast aan de ideologie en propaganda van de Russische Revolutie. Deze partij kreeg steeds meer macht binnen de arbeidersbewegingen. In deze gemeenschap werd op 13 augustus 1926 Fidel Castro geboren.

De opkomst van Batista

In 1933 leidden grootschalige protesten tegen het bewind van Machado tot een landelijke staking en Machado vluchtte naar het buitenland. Het hierdoor ontstane politieke vacuüm werd kortstondig ingevuld door het progressieve bestuur van Ramón Grau San Martín en Antonio Guiteras. In deze periode van nationale

verwarring trad Fulgencio Batista naar voren, een jonge
officier in het leger die in januari 1934 de macht greep.

Batista, een louche figuur die alleen zichzelf trouw bleef,
wist gedurende de daaropvolgende vijftien jaar langs slinkse
weg aan de macht te blijven. Hij kreeg hierbij steun van
zowel de Amerikaanse overheid als de maffia. In 1940
introduceerde hij een nieuwe grondwet die voorzag in recht
op arbeid, minimumloon en zelfs gelijke beloning voor
gelijke werkzaamheden. Hij werkte ook nauw samen met de
communistische partij als hem dat zo uitkwam. Na in 1944
de verkiezingen te hebben verloren, trok hij zich terug in
Florida en liet het land zo goed als onbestuurbaar achter. Hij
keerde in 1952 terug, net voor de presidentsverkiezingen,
voerde een geweldloze staatsgreep uit en begon aan een
zeven jaar durende, gewelddadige, misdadige dictatuur.
Havana kreeg bekendheid als een decadente speeltuin voor
rijke Amerikanen, maar de lijken van de oppositieleden die
dagelijks in de straten van Santiago werden aangetroffen
gaven op gruwelijke wijze aan wat er kon gebeuren als
iemand hiertegen in opstand kwam.

Van Moncada naar de Sierra Maestra

De aanval van de rebellen op het garnizoen van Moncada
in Santiago de Cuba (26 juli 1953) kan worden gezien als
het begin van de Cubaanse Revolutie.

Fidel Castro was al bezig geweest met de opbouw van
een beweging om Batista te verdrijven; hij zocht hiervoor
steun bij radicalen binnen de linkse Ortodoxo partij die in
1947 was opgericht en waarvan hij destijds zelf lid was. De

inname van het garnizoen van Moncada, het op één na
grootste garnizoen van het land, had een landelijke
opstand tot doel, maar de
rebellen verkeerden in de
minderheid en werden binnen
korte tijd overmeesterd. Velen
stierven de marteldood, maar
Castro werd met 28 lotgenoten
gevangengezet. Na in mei 1955

amnestie te hebben gekregen kwam Castro weer op vrije
voeten en zette meteen zijn strijd voorts via een nieuwe
organisatie: de Beweging van 26 juli.

Binnen korte tijd trok Castro naar Mexico, net als
Martí, om zijn campagne in het buitenland voor te
bereiden. Daar ontmoette hij de jonge Argentijnse arts
Ernesto Guevara, die door zijn vrienden (en tegenwoordig
door iedereen ter wereld) Che werd genoemd. Op 25
november 1956, na maandenlang fondsen te hebben
geworven en plannen te hebben gemaakt, trokken 82
revolutionairen bij slecht weer in een gammele boot
(*Granma*) naar Cuba. Zij liepen aan de grond in dichte
mangrovebossen en werden meteen onder schot genomen
door de troepen van Batista. Slechts twaalf van hen wisten
de Sierra Maestra te bereiken, waar zij langzaam het
vertrouwen van de boeren wisten te winnen, een
guerrillaleger konden opbouwen en steeds meer
overwinningen op de troepen van Batista konden behalen.
Het verblijf in de Sierra was voor velen ook een leerschool
in die zin dat men pas nu met eigen ogen kon zien onder

FIDEL, LEGENDARISCH FIGUUR

Fidel Castro is 's werelds langst zittende staatshoofd, en overleefde vele – vaak bizarre – complotten om hem uit de weg te ruimen. Ondanks dat hij vanwege ziekte zijn broer Raúl heeft aangesteld als waarnemend staatshoofd, blijft deze charismatische persoon zich af en toe manifesteren. Zijn praatzucht, zeer brede interesses en gedegen kennis van zaken zijn alom bekend. Van zijn honderden toespraken is *De geschiedenis zal mij mijn zonden vergeven* (het betoog dat hij hield tijdens zijn berechting wegens de aanval op Moncada) zijn meest indrukwekkende, gepassioneerde uiting tegen het bewind van Batista waarin hij gedetailleerd inging op het erbarmelijke bestaan en de armoede van de bevolking.

Ongeacht of de geschiedenis hem zijn zonden zal vergeven en of zijn weigering de eigen politieke idealen bij te stellen zal worden gezien als lovenswaardig of kortzichtig, kan Fidel niet worden weggezet als doctrinaire communist. Het socialistische model dat hij in Cuba heeft ontwikkeld is behalve op de ideologie van Marx en Lenin ook gefundeerd op het gedachtegoed van Martí en Che, maar Fidel heeft er ook zijn eigen denkbeelden aan toegevoegd.

welke erbarmelijke omstandigheden de boerenbevolking leefde.

Naarmate de rebellen meer steun kregen, stuurde Batista meer troepen naar de Sierra, maar dat bleek zinloos, want ook in andere delen van het land staken guerrillabewegingen de kop op. Na een veldslag bij Jigüe in mei 1958 verlieten de soldaten van Batista gedemoraliseerd de Sierra. Toen de rebellen naar het westen optrokken en Che Guevara in december een trein met legereenheden onderschepte nabij Santa Clara, gaf het leger van Batista zich gewonnen. Op 1 januari 1959 vluchtte Batista naar Santo Domingo en een week later trokken de rebellen als overwinnaar de straten van Havana in. Fidel was toen pas 32 jaar oud, Che 30, en ze moesten een land regeren.

Revolutie

De eerste maanden van de revolutie verliepen onoverzichtelijk. Hoewel de gematigde Manuel Urrutia en José Miró Cardona werden benoemd tot president en premier, stond de 'Granma groep' (Fidel, zijn broer Raúl, Che en enkele anderen) achter de schermen aan het roer. De bordelen en casino's werden gesloten, de agrarische hervormingen waar zo lang op was gehoopt werden doorgevoerd, rassendiscriminatie werd een halt toegeroepen en gelegenheden waar voorheen uitsluitend blanken mochten komen, waren nu voor iedereen toegankelijk. De huren werden verlaagd en huurders kregen rechten. Er werden nieuwe ministeries in het leven geroepen om de hervormingen uit te voeren – inclusief de onteigening van alle bezittingen van Batista, zijn vertrouwelingen en de nationalisatie van Amerikaanse ondernemingen. De suikerfabrieken werden in februari 1960 genationaliseerd.

Het imperium slaat terug

Deze radicale hervormingen vormden de basis voor de vijandige patstelling tussen de V.S. en Cuba die tot op heden is blijven voortbestaan. Terwijl de arme Cubanen hun geluk niet opkonden, was de Amerikaanse overheid snel om te reageren. Al in mei 1959 werd een staatsgreep beraamd om Castro te verdrijven.

Toen in april 1960 de eerste zending aardolie uit de Sovjet-Unie werd geleverd in ruil voor suiker, weigerden de in Cuba gevestigde Amerikaanse oliemaatschappijen deze te raffineren, dus werden de oliemaatschappijen door Fidel genationaliseerd. Toen Amerika de import van Cubaanse suiker bijna stillegde, werd alle onverkochte suiker door de Sovjet-Unie afgenomen. In november vaardigde Amerika een handelsembargo uit en hoewel de hulp die de Sovjet-Unie bood door de handelsbanden aan te halen, zorgde dit embargo (dat nog altijd van kracht is) voor veel ontberingen en maakte Cuba afhankelijk van de Sovjet-Unie. Dat werd maar al te duidelijk toen de Sovjet-Unie uiteen viel.

Economische hervormingen

Ingrijpende economische hervormingen werden vanaf 1961 doorgevoerd. Che Guevara werd geacht hier leiding aan te geven, maar hij was geen econoom of manager. Zijn gedachtegoed was utopisch en radicaal en veel van zijn ideeën bleken in de praktijk onuitvoerbaar. Che zag echter in dat Cuba de nationale economie minder afhankelijk moest maken van de suikerindustrie. Er werd stevig gedebatteerd over industrialisatie, maar er waren weinig kundige economen in Cuba te vinden. De nieuwe leiders overzagen de gevolgen niet toen ze de nadruk legden op de verbetering van levensomstandigheden op het platteland en de belangen van de beroepsbevolking in de steden negeerden. Industriële kennis van zaken was steeds moeilijker te vinden en het Amerikaanse embargo blokkeerde de toegang tot Amerikaanse kennis en infrastructuur. Het in de Sovjet-Unie vervaardigde machinepark dat de Amerikaanse moest vervangen, bleek minder betrouwbaar te zijn en de hele arbeidsmarkt moest worden omgeschoold. Binnen deze omstandigheden had men geen andere keuze dan zich te richten op de monocultuur van de suikerindustrie en de productie van halffabricaten.

In 1961 werd een grootscheepse campagne tegen analfabetisme gevoerd, waarbij een miljoen Cubanen – mannen en vrouwen – door 100.000 vrijwilligers uit het onderwijs leerden lezen en schrijven. Dit initiatief was zo spectaculair dat er overal ter wereld aandacht aan werd besteed. Deze campagne werd op dat moment het visitekaartje van de Cubaanse Revolutie.

De Varkensbaai

Op 17 april 1961, toen de onderwijzers met hun leesboeken en schrijfschriften naar de verste uithoeken van Cuba trokken, vielen 1400 bannelingen die Castro wilden afzetten Cuba binnen bij de Varkensbaai in de moerassen van Zapata. Deze inval werd gefinancierd en openlijk gesteund door de Verenigde Staten. Het Cubaanse leger wist deze inval binnen 48 uur neer te slaan, maar vanaf dat moment verkeerde het land in opperste staat van paraatheid en hield men rekening met een Amerikaanse inval. In zijn toespraak voor de zeven omgekomen Cubaanse soldaten, sprak Fidel voor de eerste keer over de Revolutie en de socialistische staat Cuba.

De raketcrisis

Een jaar later werd Cuba het theater voor een van de meest alarmerende incidenten van de Koude Oorlog. Castro stond de Sovjet-Unie  toe om raketten met kernkoppen op Cubaanse bodem te plaatsen. Er werd een lanceerinrichting gebouwd en de kernkoppen waren al onderweg toen de Amerikaanse marine een blokkade instelde rond Cuba. Het wapentuig werd uiteindelijk ontmanteld en afgevoerd, maar de wereld was op een haar na ontsnapt aan een nucleaire oorlog. De beslissing om de wapens te ontmantelen werd genomen na de uitwisseling van tientallen brieven tussen president Kennedy en voorzitter Chroestsjov. Dit voorval liet zien hoe eenvoudig het was om als klein land pion te worden in de machtsstrijd tussen oost en west.

In de houdgreep van de Sovjet-Unie

Gedurende de jaren 1960 en 1970 trok Cuba steeds verder naar de Sovjet-Unie en het Cubaanse communisme werd in die periode dan ook steeds orthodoxer. De communistische partij werd hervormd volgens strengere marxistisch-leninistische regels. De partij werd in 1965 omgedoopt tot *Partido Comunista de Cuba* (PCC) en hield in 1975 zijn eerste congres. In 1976 werd, conform de grondwet die in dat jaar van kracht werd, de Nationale Assemblee (Cubaanse parlement) in het leven geroepen.

Dit was een minder gelukkige periode voor intellectuelen: burgerrechten werden beperkt, afdelingen van de universiteit werden gesloten en schrijvers en kunstenaars mochten zelfs geen milde kritiek uiten op het socialistische systeem. Hoewel er veel kunst, literatuur en in het bijzonder films werden voortgebracht, stond de kunstzinnige avontuurlijkheid in de beginjaren van de Revolutie op een laag pitje. Dat was vooral het geval na 1968, toen Castro felle kritiek uitte op de 'Praagse Lente' van Alexander Dubcek en kleine familiebedrijven onwettig verklaarde – de laatste overblijfselen van vrij ondernemerschap.

In deze periode werd ook de Revolutie 'geëxporteerd' naar landen in de Derde Wereld en werd Cuba betrokken bij gewapende revolutionaire conflicten zoals in Nicaragua en Grenada. Ook werd steun gegeven aan regimes die op goede voet stonden met de Sovjet-Unie, zoals Ethiopië. Vanaf 1976 speelden Cubaanse soldaten een sleutelrol bij de Angolese burgeroorlog, waarbij in 1988 het Zuid-Afrikaanse leger werd verslagen bij Cuito Cuanavale.

La Rectificación

In 1986 lanceerde Castro een procedure die 'rectificatie' werd genoemd en waarin werd verklaard dat de Revolutie diende terug te keren naar socialistische ethische uitgangspunten, morele impulsen en efficiëntere centrale planning. Gedurende een heel jaar werden hiertoe vergaderingen met de bevolking belegd. Fidel verklaarde op 26 juli 1987 dat de rectificatie los stond van idealisme, maar gekoppeld was aan realisme en beter economisch management en plannen. Ook werd er melding gemaakt van een koerswijziging die beter paste bij de revolutionaire geest, revolutionaire arbeid, revolutionaire deugdzaamheid, revolutionaire inspanningen en revolutionaire verantwoordelijkheden.

In navolging hiervan werden in mei 1987 abrupt de commerciële boerenmarkten en winkeltjes met kunstnijverheid opgedoekt omdat zij het vergaren van individuele rijkdom in de hand zouden werken. Werkploegen van vrijwilligers werden weer in het leven geroepen (in de jaren 1970 werden dergelijke werkploegen al ingezet om het woningtekort te bestrijden) en in 1988 werd het ambtenarenapparaat met enkele duizenden arbeidsplaatsen ingeperkt.

De ontmanteling van de Sovjet-Unie en de Speciale Periode

In 1989 viel de Berlijnse Muur en de wereld veranderde. Gedurende de daaropvolgende jaren werden de steun en subsidies van de Sovjet-Unie aan Cuba en landen van het uiteengevallen Oostblok geleidelijk ingetrokken.

De Cubaanse regering lanceerde hierop een zeer streng regime dat de 'Speciale Periode in Vredestijd' werd genoemd – een naam die Orwell bedacht zou kunnen hebben. Hiermee zou het land ondanks het embargo draaiende gehouden kunnen worden zonder dat de sociale verworvenheden werden aangetast. Er werden enkele marktgerichte hervormingen doorgevoerd, in het bijzonder in de agrarische sector en het toerisme. Cuba ging naarstig op zoek naar nieuwe exportproducten (bijproducten van suiker, farmaceutica en hightech medische apparatuur) en nieuwe handelspartners. Ook werd geprobeerd om voor wat betreft voedsel en medicijnen in eigen onderhoud te voorzien. Men kon echter niet om het enorme tekort aan brandstof en andere producten heen en het openbaar vervoer kwam tot stilstand, stroomonderbrekingen kwamen dagelijks voor en de wachtrijen in winkels werden steeds langer omdat veel producten schaars werden.

Het Vierde Partijcongres dat in 1991 werd gehouden, was ongebruikelijk openhartig en consulterend – er werden enkele democratische hervormingen doorgevoerd zoals geheime stemming (al was er geen sprake van dat men het eenpartijstelsel de rug zou toekeren). De Nationale Assemblee kreeg meer macht en enkele leden van de oude Revolutionaire Garde werden  vervangen door veelbelovende jonge communisten. Gelovigen werden tot de partij toegelaten en afzondering werd geherdefinieerd als onafhankelijkheid. In toenemende mate schepte het landsbestuur op over het socialisme van Cubaanse bodem: 'Niemand gaf ons een revolutie,' zei Fidel in april 1990 tegen journalisten. 'De Revolutie werd niet geïmporteerd, wij gaven er onze eigen invulling aan.'

Verbanning op Cubaanse wijze

Het vanuit het buitenland strijden voor hervormingen in Cuba is een traditionele vorm van Cubaans verzet: zowel José Martí als Fidel Castro maakte hier gebruik van en de anti-Castro gemeenschap die in Amerika in ballingschap leeft doet hetzelfde. Deze gemeenschap is machtig, maar heeft tot nog toe weinig in Cuba kunnen veranderen.

Met uitzondering van een gestaag aanhoudende stroom 'overlopers' heeft er sinds het aantreden van Castro slechts twee keer een grote uittocht plaatsgevonden. In 1980, na een dialoog tussen Castro en Cubanen uit Miami betreffende de gefaseerde vrijlating van politieke gevangenen en de mogelijkheid voor de in het buitenland woonachtige Cubanen om hun vaderland te bezoeken, werd de Peruaanse ambassade in Havana overspoeld door mensen die politiek asiel aanvroegen. Castro besloot de grenzen via de havenplaats Muriel kortstondig open te zetten en ruim 100.000 Cubanen maakten gebruik van de gelegenheid om hun land te verlaten, voordat beide landen de grenzen sloten.

In 1994 verlieten duizenden mensen in kleine, gammele bootjes Cuba om de ontberingen van de Speciale Periode te ontvluchten. Dat had een aanpassing tot gevolg van de Amerikaanse politiek ten aanzien van Cubaanse migratie – vanaf nu werden er jaarlijks 20.000 visums verstrekt, maar Cubaanse 'bootvluchtelingen' kwamen niet langer in aanmerking voor politiek asiel.

Eindelijk onafhankelijk?

In 1993 verkeerde de economische crisis op zijn hoogtepunt. Na langdurig overleg dat op het hele eiland was gevoerd, werd een aantal hervormingen overeengekomen en uitgevoerd die tot doel hadden de Cubaanse economie te herstellen: de Amerikaanse dollar werd als wettig betaalmiddel ingevoerd, zelfwerkzaamheid werd toegestaan (en belast), de oude staatsboerderijen werden vervangen door coöperaties, de boerenmarkten werden weer toegestaan en samenwerkingsverbanden met buitenlandse investeerders konden weer worden aangegaan.

Amerika antwoordde hierop door het embargo nog strenger toe te passen en zocht manieren om binnen de wet landen te straffen die handelsbanden met Cuba onderhielden (de Helms-Burton Act van 1996, zie bladzijde 47). De economische crisis had zijn dieptepunt echter bereikt en het herstel begon in te zetten, voornamelijk omdat men inzag dat Cuba alleen kon blijven voortbestaan als het land zou deelnemen aan de internationale economie. Tegenwoordig gebeurt dat voornamelijk via het toerisme. In 1997 stemde het partijcongres in met een uitbreiding van de toeristische sector en vanaf 2002 was suiker niet langer de belangrijkste bron van inkomsten.

Het congres maakte echter een groot verschil tussen economische en politieke hervormingen en bleef vasthouden aan het eenpartijstelsel. Tegenwoordig straalt de Cubaanse overheid een imago uit van moderniteit en vaderlandsliefde, waarbij de nadruk wordt gelegd op de successen die Cuba wist te behalen ondanks de felle tegenwerking van Amerika en in mindere mate op de deugden van het communisme.

Paus Johannes Paulus II bracht in januari 1998 een bezoek aan het eiland en prees Cuba omdat men niet had gekozen om de neoliberale kapitalistische weg te volgen, wat ten koste zou zijn gegaan van de armen van de bevolking.

Tegelijkertijd werd de regering opgeroepen om vrijheid van godsdienst in te voeren – 'de basis van alle mensenrechten'. Castro was er snel bij om in het openbaar de kerk te erkennen (deze werd al sinds de beginjaren 1960 onderdrukt) en stond kerkdiensten, doopplechtigheden en andere vormen van religieuze activiteit toe. Desondanks blijft Cuba bekritiseerd worden als het gaat om naleving van mensenrechten. Speculeren over het 'Cuba na Castro' is voor koffiedikkijkers een dagtaak, maar Fidel heeft zich in de praktijk al teruggetrokken uit het politieke leven en het land wordt tegenwoordig geregeerd door een nieuwe generatie politici. Of Cuba zijn politiek in de toekomst verder zal herzien hangt mede af van de reactie van Amerika en de Europese Unie op het eind van het Castro-tijdperk. Heel langzaam en stilletjes leert Cuba goed met zijn onafhankelijkheid om te gaan.

HET POLITIEKE SYSTEEM
Het eenpartijstelsel

Cuba is een parlementaire democratie met één politieke partij, de Cubaanse communistische partij (PCC). Het land werd in de grondwet van 1976 als marxistisch-leninistisch omschreven en hoewel die strofe in een herziening in 1992 is geschrapt, blijft de PCC de enige wettelijk toegestane politieke partij. Partijleden en burgers die betrokken zijn bij de overheid worden geconsulteerd, maar de partij neemt de uiteindelijke beslissingen.

De president is zowel staatshoofd als voorzitter van de regering. Fidel Castro is al vanaf 1976 onafgebroken president (vanaf 1959 was hij premier, maar m.i.v. 1976 verviel die functie). Ook is hij voorzitter en president van

het parlement en ministeries, eerste secretaris van de PCC, opperbevelhebber van de strijdkrachten en vertegenwoordiger van

Santiago de Cuba in de Nationale Assemblee. Raúl Castro heeft deze aanstellingen inmiddels (tijdelijk) van zijn broer overgenomen, maar Fidel zal tot zijn dood in het zadel blijven.

De Raad van State telt 31 leden die door de Nationale Assemblee worden gekozen om de wetgevende macht te vertegenwoordigen als de Assemblee geen zitting heeft. Acht van de leden vormen de ministerraad, het kabinet. De Assemblee kiest tevens de president.

Castro verdedigt zijn eenpartijstelsel door te wijzen op de pure noodzaak van eenheid om stand te kunnen houden tegen de vijandigheden van Amerika. Hij is ervan overtuigd dat Cuba nooit zo lang had kunnen standhouden tegen de dreiging van Amerika als er van politieke diversiteit sprake was. In die zin heeft de Amerikaanse houding een verstarring tot gevolg gehad dat pluralisme uitsluit. Zijn opvolgers zullen wellicht een andere koers varen.

Parlement en verkiezingen

De Nationale Assemblee (*Asamblea Nacional del Poder Popular*) telt 609 zetels. De leden worden rechtstreeks gekozen van kandidatenlijsten die worden opgesteld en goedgekeurd op gemeentelijk niveau. Iedereen vanaf 16 jaar heeft kiesrecht.

Elke 2,5 jaar worden er verkiezingen gehouden voor de 169 gemeenteraden en elke vijf jaar vinden er algemene verkiezingen plaats (inclusief presidentsverkiezingen). De wet verbiedt de PCC kandidaten te nomineren en kandidaten hoeven geen partijlid te zijn, maar in de praktijk zijn ze dat allemaal. Ondanks de invoering van de geheime stemming in 1991 werd Fidel Castro bij alle daaropvolgende verkiezingen wederom met bijna unanieme stem tot president gekozen.

De grote organisaties

Aan het begin van de revolutionaire periode werden grote sociale organisaties opgericht om de belangen van diverse

groeperingen te behartigen. De Federatie van Cubaanse
Vrouwen (FMC) werd in april 1960 opgericht en de
Vereniging van Kleine Boeren (ANAP) in mei 1962.
Sommige, zoals de studentenorganisaties en de
vakbonden, bestonden al langer en traden toe tot de
overkoepelende revolutionaire organisaties.
De vakbonden werden echter grondig hervormd om aan
de wensen van de overheid te voldoen – de overheid was
immers de enige werkgever geworden. De meest
controversiële organisaties zijn ondergebracht in de
Verdediging van de Revolutie (CDR). Dit is een nationaal
netwerk van buurtcomités die tot voor kort de 'ogen en
oren van de Revolutie' waren (zie ook bladzijde 93). Alle
grote organisaties zijn nog altijd actief en zij oefenen zelfs
enige druk uit op de politieke besluitvorming.

Welke soort socialisme?

De meningen over het Cubaanse socialisme zijn
gepolariseerd. Castro kent er een Zuid-Amerikaanse en
zeker geen Noord-Amerikaanse of Europese oorsprong
aan toe. Hoewel er vanaf het eind van de jaren 1960 tot
aan het begin van de jaren 1980 sprake was van een
redelijk orthodoxe vorm van Sovjet-communisme, behield
het Cubaanse communisme zijn eigen specifieke Latijns-
Amerikaanse trekjes. We denken hierbij ook aan de
manier waarop Castro uitstekend voldoet aan het imago
van de Zuid-Amerikaanse *caudillo*: de charismatische,
politiek-militaire leider. De nationale erfenis van Martí is
sterk vertegenwoordigd, net als het gedachtegoed van Che.

Mensenrechten

De slechte naleving van mensenrechten in Cuba laat
duidelijk zien waar sociale gelijkwaardigheid en politiek-
sociale controle met elkaar botsen. Cuba heeft een sociaal
stelsel dat door geen enkel ander ontwikkelingsland wordt
geëvenaard; desondanks sluit de overheid mensen die
kritiek leveren op, wordt censuur toegepast en wordt
vrijheid van godsdienstbeleving en homoseksualiteit
beperkt (homoseksuelen mogen bijvoorbeeld nog altijd
niet lid worden van de communistische partij). Er zijn
naar schatting 100-200 kleine dissidente groeperingen in
het land, maar waarschijnlijk zijn minder dan 500 mensen
actief binnen deze bewegingen en nog minder van hen
genieten bekendheid in het buitenland. Een belangrijke,
maar niet geslaagde poging om langs legale weg een voet
tussen de deur te krijgen werd gedaan via het Varela
Project: een petitie werd in 2002 conform constitutionele
regels ingediend om een referendum te houden over de
invoering van de democratie. Het verzoek werd echter
door de overheid afgewezen.

In 2003 werd de indruk dat men in Cuba de laatste jaren
milder omging met politieke tegenstanders tenietgedaan. Er
was een daling geconstateerd van het aantal politieke
gevangenen en de doodstraf was al sinds 2000 niet meer ten
uitvoer gebracht, maar in 2005 schatte Amnesty
International het aantal politieke gevangenen in Cuba op 71.

Castro weigert inmiddels overleg met dergelijke
toonaangevende internationale mensenrechten-
organisaties, maar nog in 1988 omschreef Amnesty

International de omstandigheden in Cubaanse gevangenissen als niet erger dan in Amerika. Amnesty beweert dat het handelsembargo en de Amerikaanse pogingen om van Cuba een democratie te maken de regering in de kaart spelen en stelt de overheid in staat om alle dissidenten over een kam te scheren en in de gevangenis op te sluiten als sympathisanten van Amerika.

De Cubaanse politiek roept een tegenstrijdigheid op tussen de politieke rechten van burgers en hun economische en sociale rechten: de belangrijkste doelstelling van de Revolutie was de wijdverbreide armoede en discriminatie uit te bannen, maar Amerikaanse vijandigheid werd als excuus aangewend om de vrijheid van meningsuiting en vrijheid van vereniging op te schorten.

DE ECONOMIE

De economie van Cuba wordt overheerst door staatsbedrijven. Suiker, van oudsher de belangrijkste bron van inkomsten (buitenlandse valuta), is van de eerste plaats verdreven door de toeristenindustrie. Belangrijke exportproducten zijn citrusvruchten, tabak, nikkel, zeebanket, medische producten en koffie. Het belangrijkste importproduct is aardolie.

Na een teruggang van naar schatting 35% in de periode 1990-93, is de Cubaanse economie nu duidelijk aan het herstellen. Volgens de Economische Commissie voor Zuid-Amerika en de Caraïben van de VN groeide de economie in 2003 met 2,6%, in 2004 met 3% en in 2005 met 5%. Deze stijgende lijn zette zich tot 2008 voort, mede dankzij het toerisme en de export van nikkel.

Overboekingen van in het buitenland woonachtige Cubanen vormen ook een aanzienlijke bijdrage aan de economie, volgens sommige schattingen tot wel 3%.

De ontwikkeling van biologische landbouw is een goed voorbeeld van noodzaak waar vindingrijkheid uit voortkomt. Tijdens de Speciale Periode moedigde de overheid de bevolking aan om zelf voedsel te verbouwen en experimenteerde met grootschalige biologische teelt. Dat bleek zo succesvol dat het hele land is overgestapt op biologisch geteelde gewassen en inmiddels is deze vorm van teelt bij wet tot norm verheven.

De wederopkomst van handel en investeringen

Buitenlandse handel en investeringen bleven gestaag toenemen, ondanks de Amerikaanse regelgeving om andere landen hierbij tegen te werken. Tegenwoordig onderhoudt Cuba met vele landen handelsbanden, zelfs met de Verenigde Staten. Ondanks het embargo importeert Cuba inmiddels Amerikaanse apparatuur en machines voor de agrarische sector. Dit werd mogelijk omdat veel Amerikaanse ondernemingen vonden dat hun eigen regering een aantrekkelijke afzetmarkt ontoegankelijk maakte.

De beslissing om buitenlandse investeringen toe te staan werd in 1982 genomen door een wet aan te nemen die samenwerkingsverbanden mogelijk maakte tussen

Cubaanse staatsondernemingen en buitenlandse bedrijven. In 1995 werden de regels verder versoepeld. Sinds de bouw van het eerste Spaans-Cubaanse hotel in 1988, zijn ruim 300 internationale samenwerkingsverbanden in uiteenlopende sectoren opgericht.

Staatsarbeid en vrij ondernemerschap

Vrij ondernemerschap werd in 1993 gelegaliseerd. Dit had de bedoeling om de werkloosheid op te vangen die was ontstaan nadat de suikerindustrie en de staatsbureaucratie waren ingeperkt. Vrij ondernemerschap werd beperkt tot familiebedrijven en bepaalde activiteiten. Tegenwoordig zijn er ongeveer 150.000 kleine ondernemers ingeschreven.

Vrij ondernemerschap opende de weg tot het heffen van belastingen en in 1996 werd inkomstenbelasting ingevoerd. Dit was voor veel Cubanen een geheel onbekend verschijnsel en vele ondernemers doekten, uit angst hun kapitaal kwijt te raken, hun bedrijfje weer op. In Cuba betaalt men 50% inkomstenbelasting – het hoogste tarief van heel Latijns-Amerika – maar de vennootschapsbelasting is lager (35%).

Waarde van de munteenheid

De Amerikaanse dollar werd in 1993 uitgeroepen tot wettig betaalmiddel, waardoor er *de facto* een economie met twee munteenheden ontstond. In 1995 introduceerde de overheid een derde munteenheid, de Cubaanse converteerbare peso (*peso convertible*, of CUC). De CUC werd gekoppeld aan de dollar en was bij zijn introductie inwisselbaar tegen 22-26 gewone Cubaanse peso's.

Het gebruik van de dollar leidde tot sociaal onderscheid tussen degenen die toegang hadden tot dollars (via toerisme of overboekingen uit het buitenland) en degenen die dat niet hadden. Waarschijnlijk vanwege de zwakke dollar werd dit betaalmiddel voor binnenlandse handel in oktober

2004 vervangen door de CUC. De overstap naar de CUC slaagde er echter niet in om de sociale gelijkwaardigheid te herstellen – er zijn tegenwoordig mensen die over CUC's beschikken en anderen die het met gewone peso's moeten doen. Behalve praktisch voordeel voor bezoekers is het langetermijneffect van deze economische politiek niet te voorspellen.

De Cubaanse economie zal zich waarschijnlijk ontwikkelen tot een gemengde economie met zowel socialistische als kapitalistische kenmerken. Er zal worden gestreefd naar economische groei die geen bedreiging vormt voor de sociale voordelen die de Revolutie heeft gebracht, maar waarmee deze juist gefinancierd kunnen worden: wederom een pragmatische en inventieve Cubaanse oplossing.

CUBA IN DE WERELD
Cuba en de Derde Wereld

Vanaf het begin zette de Cubaanse Revolutie zich wereldwijd in voor steun aan armen en onderdrukten. De dagen van steun aan gewapende bevrijdingslegers zijn echter voorbij en de internationale politiek van Cuba wordt nu overheerst door steun aan anti-Amerikaanse en linkse overheden, ontwikkelingshulp in de vorm van de uitzending van artsen, onderwijzers en de opleiding van buitenlandse studenten. Castro wordt nog altijd in Afrika gerespecteerd als groot staatsman van een Derde Wereldland en voorloper in de strijd tegen westers imperialisme. Sommige solidariteitsuitingen, bijvoorbeeld aan het adres van het bewind van Robert Mugabe van Zimbabwe, zijn op zijn zachtst gezegd wat minder fortuinlijk.

Zuid-Amerikaanse landen kijken minder denigrerend naar Cuba dan Amerika en vele Europese landen dat doen. Zuid-Amerikanen zijn gewend aan *caudillismo* en fragiele en zelfs corrupte 'democratische' overheden, waardoor ze minder moeite hebben met de politieke houdbaarheid van Fidel dan mensen die een electorale democratie onontbeerlijk achten. De linkervleugel in Zuid-Amerika is nog altijd te spreken over hetgeen Cuba in sociaal opzicht heeft weten te bereiken. Dat verklaart ook de warme banden tussen Cuba en het Venezuela van Hugo Chávez, dat Castro tegen gunstige voorwaarden aardolie levert in ruil voor medicijnen, suiker, andere producten en specialistische kennis.

Ontwikkelingslanden hebben gezien hoe het neoliberalisme van de rijke wereld ze in de steek heeft gelaten. Fidels inzichten sluiten steeds beter aan bij de hedendaagse antikapitalistische bewegingen. Bovendien is hij expert in het uitbouwen van dergelijke ontwikkelingen en werpt zich maar al te graag op als woordvoerder van de armen van de wereld. In 2000 werd in Havana het eerste G77 topoverleg gevoerd tussen ontwikkelingslanden van het zuidelijk halfrond.

Cuba is lid van de WTO, de meeste organisaties van de VN en vele Latijns-Amerikaanse instellingen. De enige grote organisatie waar Cuba geen zitting in heeft (op aandringen van de Verenigde Staten) is de Organisatie van Amerikaanse Staten.

Cuba en de Verenigde Staten

Het is opmerkelijk dat de verstandhouding met de Verenigde Staten al zo lang zo slecht is zonder dat er een oorlog uit is voortgekomen. Feitelijk beschouwt de Cubaanse overheid zich in een permanente staat van oorlog met de V.S. omdat het Amerikaanse embargo vanaf het moment dat het werd ingesteld de ontwikkeling van Cuba heeft tegengehouden – al is de doelstelling van het embargo bij lange na niet gehaald.

Fidel regeert het land nog altijd, zij het via zijn broer Raúl, en blijft de luis in de pels van opeenvolgende Amerikaanse regeringen. Er worden regelmatig verkiezingen gehouden, maar niet op een manier die de goedkeuring van Amerika kan wegdragen. Af en toe – gewoonlijk onder het mom van democratische redenen – vindt er een 'normalisering' van betrekkingen plaats, maar de deuren die hierbij worden geopend, worden al snel weer dichtgeslagen. De regering van George W. Bush gaf meermaals opdracht tot strengere naleving van het embargo.

De fel tegen Castro gekante bannelingen die in Amerika leven, oefenen veel druk uit op de Amerikaanse regering. De terugvordering van de eigendommen die in de jaren 1960 werden onteigend staat voor hen hoog op het lijstje. Het voornaamste doel van de Helms-Burton Act is degene te straffen die zaken doet met Cubaanse ondernemingen die zijn genationaliseerd en tevens schadevergoeding te eisen uit naam van de voormalige eigenaren.

Cuba en Europa

De Europese Unie vormt ten aanzien van de Amerikaanse Cuba-politiek een belangrijk tegenwicht, al is de stelselmatige schending van mensenrechten vaak reden om diplomatieke protesten in te dienen of tijdelijk ontwikkelingshulp op te schorten.

Ondanks de veroordeling van de beperkte burgerlijke en politieke vrijheid, waren Europese landen er na het uiteenvallen van de Sovjet-Unie als de kippen bij om zich te storten op de Cubaanse markt. Europese ondernemingen hebben een manier gevonden om de

Helms-Burton Act te omzeilen. De Europese Unie opende in 2003 een gezantschap in Havana en moest meteen politieke protesten laten horen (maar geen economische sancties instellen) nadat 75 leden van de oppositie werden opgebracht. Hoewel Castro soms een gokje lijkt te nemen met de Europese steun, blijft Europa op hervormingen aandringen door Cuba een wortel voor te houden in plaats van met een stok te slaan.

STEDEN VAN CUBA
Havana

Deze stad straalt vergane glorie uit – hier rijden oude Chevrolets en Buicks langzaam door de gehavende straten, worden de steeds verder afbrokkelende gevels van de

koloniale landhuizen gestut en zijn sanitaire voorzieningen slecht of niet aanwezig. Desondanks beschikt Havana over prachtige voorbeelden van Spaanse koloniale architectuur en de stad was ooit synoniem voor beschaving en elegantie. Havana werd in 1982 bijgeschreven op de lijst van werelderfgoed van de UNESCO en heeft geprofiteerd van de nog altijd voortdurende, gedegen restauraties. Veel van de oude bouwwerken zijn ingericht als museum.

Havana werd in 1514 aan de moerassige zuidkust gesticht als Villa de San Cristóbal de La Habana en verhuisde in 1519 naar zijn huidige locatie. In 1553 werd

Santiago de Cuba als hoofdstad opgevolgd door Havana en zijn grootschalige fortificaties dateren uit de 16^e en 17^e eeuw. Aan het eind van de 18^e en begin 19^e eeuw werd de stad herontworpen volgens een neoklassiek stratenplan. Het oude Havana raakte in verval, in de 20^e eeuw werden er riante buitenwijken gebouwd en sommige historische bouwwerken werden gesloopt om ruimte te maken voor hotels.

Tegenwoordig is Havana een bruisende stad met 15 stadsdelen en 2,2 miljoen inwoners. Veel straatnamen hebben sinds 1959 een andere naam gekregen, maar staan vaak nog bekend onder hun oude naam!

Santiago de Cuba

Met zijn 443.000 inwoners is dit de tweede stad van Cuba - hij is gelegen aan de verre oostzijde van het eiland. Santiago werd in 1515 gesticht door Diego Velazquez en in de 17^e eeuw gefortificeerd om uit te groeien tot de belangrijkste havenplaats voor de slavenhandel. Na de

Haïtiaanse slavenopstanden van de jaren 1790 migreerden ruim 25.000 Franse kolonisten naar Santiago en hun invloed is nog altijd duidelijk aanwezig. Tijdens de Onafhankelijkheidsoorlogen

heeft deze stad veel te lijden gehad, vooral in augustus 1898 toen Amerika de Spaanse vloot versloeg. Vanuit hier lanceerde Castro in 1953 zijn aanval op het garnizoen van Moncada en de stad had veel te lijden van de represailles van Batista.

Zijn gevarieerde geschiedenis maakt Santiago tot een bruisende smeltkroes van culturen en bouwstijlen, maar deze stad geniet vooral internationale bekendheid om zijn muziek, die dag en nacht in elk huis te horen is. Santiago is de bakermat van son, meeslepende Afro-Cubaanse muziek.

Camagüey

Deze stad heette tot 1903 Puerto Principe en bracht sinds de Tienjarige Oorlog vele generaties revolutionairen voort. Er zijn talloze goed bewaard gebleven koloniale bouwwerken, al ontbreekt hier de charme van Havana en Santiago de Cuba.

Trinidad

Gelegen aan de voet van de bergen van Escambray heeft Trinidad de reputatie de meest oorspronkelijke stad van Cuba te zijn. UNESCO heeft deze plaats in 1988 bijgeschreven op de lijst van werelderfgoed, wat ertoe heeft

geleid dat alles (te) zorgvuldig in stand wordt gehouden. De huizen zijn in pasteltinten geschilderd en de smalle weggetjes zijn bestraat met de klinkers die als ballast fungeerden in de schepen waarmee slaven en suiker werden vervoerd.

Santa Clara

Deze prettige, levendige universiteitsstad werd in 1698 gesticht, al zou u dat niet denken omdat er een enorme fabriek (INPUD) is gebouwd. De meeste bezoekers komen naar Santa Clara om het mausoleum van Che Guevara te bezichtigen.

Matanzas

Deze stad, waarvan de naam 'bloedbad' betekent, werd in 1683 gesticht en gedenkt de slachting die de inheemse indianen onder de Spanjaarden aanrichtten. In de 19^e eeuw was dit een belangrijk centrum voor musici en schrijvers – deze plaats is ook de bakermat van de *rumba*.

Guantánamo

Deze stad geniet in de hele wereld bekendheid om twee dingen: het liedje *Guantanamera* van Joseíto Fernández en de Amerikaanse marinebasis die altijd al een steen in de Cubaanse schoen is geweest. De basis stond vanaf 2002 internationaal in de schijnwerpers omdat er Afghaanse krijgsgevangenen zonder proces worden vastgehouden.

Baracoa

Dit is de oudste nederzetting op Cuba die van 1511-1514 tevens de eerste hoofdstad was.

WAARDEN EN OPVATTINGEN

Hoe is het mogelijk dat de Cubanen het Cubaans socialisme al meer dan een halve eeuw in stand houden, terwijl er sprake is van aanzienlijke tegenwerking en dat er vele andere socialistische stelsels ten onder zijn gegaan? Het is te eenvoudig om te beweren dat dit systeem is opgelegd: de bevolking die de slavendrijvers, de Spanjaarden en Batista verdreven, zouden Castro ook hebben kunnen verdrijven, maar men besloot dat niet te doen. Ook is er geen sprake van alternatieve ontwikkelingsmodellen: neoliberaal kapitalisme staat al lange tijd in de coulissen, maar de lichte hang naar kapitalisme doet niet denken dat de grote multinationale ondernemingen met open armen zullen worden ontvangen. Sommige mensen beweren dat de Cubaanse gemeenschap bijeen wordt gehouden door de persoonlijkheid van Fidel, maar anderen vinden die bewering weer veel te ver gaan.

In dit hoofdstuk proberen we een aantal kenmerken van het Cubaanse volk uiteen te zetten en uit te leggen waarom de gemeenschap ondanks alle ontberingen zo bruisend en levendig blijft. Ook komen enkele tegenstrijdigheden aan bod die Cuba tot 'een land maken dat gevangen is tussen idealen en diepgeworteld ongenoegen', zoals auteur Damián J. Fernández het uitdrukte.

DE GEEST VAN DE REVOLUTIE
Vaderlandsliefde

"¡*Cuba, qué linda es Cuba!*" – 'Cuba, wat is Cuba toch mooi!' – klinkt het in het officieuze volkslied van Cuba. Deze regel geeft aan hoe vaderlandslievend Cubanen eigenlijk zijn. Zij houden zielsveel van hun land en begrijpen niet waarom iemand ergens anders zou willen wonen – al leven er vele Cubanen in de Amerikaanse 'Kleine Havana's' waar men zijn uiterste best doet om het

uiterlijk, de smaak en de geluiden van Cuba na te bootsen. Vaderlandsliefde is dieper geworteld dan loyaliteit aan socialisme en kenmerkend voor *cubania*, de Cubaanse geest, die door de wetenschapper Fernando Ortiz (1880-1969) werd omschreven als 'het bewust Cubaans zijn en ook willen zijn op een manier die aanzienlijk verder gaat dan het aanvragen van een Cubaans paspoort of het tonen van een Cubaanse geboorteakte'. Dat is ook de reden waarom Martí bij alle Cubanen in de smaak valt.

Ook is men bijzonder trots op wat door de Revolutie is bereikt. Zelfs degenen die kritiek op de overheid hebben, houden stevig vast aan de sociale en culturele ontwikkelingen die zich hebben voorgedaan. Jongeren kunnen zich geen

leven voorstellen zonder gratis onderwijs en
gezondheidszorg, dus klagen zij over andere zaken zoals
politieke starheid en het ontbreken van consumptieartikelen. Deze groep oefent overigens de meeste kritiek op
de overheid uit. Vreemd genoeg wordt die kritiek geuit op
instellingen maar niet op individuele personen, of andersom.
Vaak wordt Castro gesteund, maar niet de partij en de
bureaucratie, of men heeft bijvoorbeeld niets op met priesters
maar is desondanks voorstander van de kerk als instituut.

De ontberingen tijdens de Speciale Periode hebben
complexe emotionele reacties opgeroepen onder de
bevolking. Vele Cubanen uit alle lagen van de bevolking
zijn oprecht gecharmeerd van het socialistische systeem en
de gemeenschapsbanden die daaruit zijn voortgekomen.
Wat men in materieel opzicht tekort komt, wordt
ruimschoots gecompenseerd door culturele rijkdom en de
meesten zullen eerder in eigen land ontberingen
ondergaan, dan in het buitenland op zoek te gaan naar een
beter leven – ook als men daarvoor de grenzen van de wet
moet opzoeken of gebruik moet maken van particuliere
instellingen in plaats van overheidsdiensten. Aan de andere
kant zijn er ook obsessieve dissidenten. Wat u zal opvallen
is dat iedereen vurig blijft vasthouden aan zijn zienswijze.
In deze sterk gepolitiseerde gemeenschap heeft iedereen
een uitgesproken mening.

Helden en symbolen

Martí is voor Cubanen een krachtig symbool van het *patria*
(vaderland), en zowel de overheid als de in het buitenland

woonachtige Cubanen hebben hier gebruik van gemaakt:
de bannelingen door Radio Martí in de lucht te brengen
om propaganda tegen Castro uit te zenden en de overheid
door het socialisme tactisch naar de achtergrond te
schuiven om het vaderlandslievende gedachtegoed van
Martí naar voren te brengen. Castro wordt nog altijd door
velen geïdealiseerd, in het bijzonder door de oudere
generatie die hij vrijheid bracht.
Sommige bronnen beweren echter dat
veel mensen Fidel Castro in
werkelijkheid haten, maar hem naar
buiten toe (uit vrees) steunen.

De held wiens naam altijd wordt
genoemd, niet alleen in officiële
retoriek maar ook in het dagelijks
leven, is Che Guevara. De meest
gehoorde kritiek op Fidel luidt: 'We
hebben nog een Che nodig'.

Gemeenschap en samenwerking

De Cubaanse gemeenschapszin was voor de Revolutie al
sterk aanwezig, maar deze wordt sinds 1959 nog altijd
gevoed. Dat gebeurt niet alleen door de oprichting van
buurtcomités en volksinstellingen, maar ook door het
onderling delen van voorspoed en ontberingen. In het
bijzonder de plotselinge verlaging van de levensstandaard
vanaf 1989, die iedereen trof, riep voornamelijk
solidariteit op in plaats van de door Amerika voorspelde
ineenstorting van de gemeenschap. Vele buitenlanders zijn

onder de indruk van deze gemeenschapszin en het gemak
waarmee Cubanen collectief belang boven persoonlijk
belang weten te plaatsen. De woonbuurt staat centraal in
het leven en mensen werken hier vanzelfsprekend samen –
iedereen is altijd bereid een ander van dienst te zijn.

Cubanen behandelen elkaar – en buitenstaanders – met
hoffelijkheid, maar niet altijd met achting. De
revolutionaire aanspreektitel *compañero* (kameraad)
wordt nog altijd veel gebruikt. Cubanen zijn niet vies van
geld en materieel comfort, maar over het algemeen is men
pretentieloos en wordt sociaal aanzien onbelangrijk
gevonden. Het verschil in inkomen tussen degenen die het
meest en het minst verdienen is nog altijd relatief klein, al
wordt dit verschil geleidelijk groter.

Als we kijken naar de enorme inkomensverschillen in
de periode voor 1959, mag geconcludeerd worden dat
gelijkwaardigheid en samenwerking inderdaad zijn
gestimuleerd door de inspanningen van de Revolutie om
onderscheid naar klasse, ras en sekse uit te bannen.

ANDERSDENKENDEN

Het is paradoxaal dat in een land waar liefde voor het
vaderland zo sterk aanwezig is, veel Cubanen het land de
rug toekeren. De tendens om als tegenstander van Castro
liever het land te verlaten dan er een sterke oppositie te
vormen is mogelijk ook een verklaring voor de lange
aanwezigheid van het huidige regime. De binnenlandse
oppositie is slecht georganiseerd en daarom zwak. Hoewel

u in Cuba op straat veel klachten zult horen, zal het
moeilijk zijn om informatie in te winnen over 'de
oppositie' omdat dit onder alle partijen hevige emoties
oproept en de Cubaanse neiging om te zwijgen of te
overdrijven de waarheid vaak in de weg staat.
Sommige schrijvers hebben een bepaalde
dubbelhartigheid onder de Cubanen opgemerkt: niemand
is eigenlijk meer wie hij vroeger was en veel mensen
schijnen in dienst te zijn van een van de vele
veiligheidsdiensten. Als buitenstaander zult u hiervan
echter nooit het fijne te weten komen.

Klagen over bureaucratie

De kritiek waar mensen voor worden gearresteerd is iets
anders dan het gemor op de overheid en in het bijzonder
de bureaucratie: dat is al vanaf de jaren 1960 uitgegroeid
tot volkssport nummer één. Cubanen hebben de gewoonte
om elk probleem dat niet is toe te schrijven aan het
Amerikaanse embargo op het conto te schrijven van de
traag werkende, regelgebonden bureaucratie. Desondanks
schuilt in iedere Cubaan een bureaucraat, wat tot uiting
komt als hij een kantoorfunctie krijgt. Iedereen die met
veel stempels in zijn paspoort op de luchthaven van
Havana wordt gecontroleerd, maakt kennis met de
Cubaanse bureaucratie.

Fidel maakte het geklaag over bureaucratie mogelijk
toen hij in 1993 ten overstaan van de Nationale Assemblee
aangaf dat het ambtenarenapparaat 'gestroomlijnd' diende
te worden. De absurditeit van bureaucratie is onderwerp

van kritiek met een komische ondertoon geweest in Cubaanse films zoals *Death of a Bureaucrat* (1966) en *Guantanamera* (1995).

Feitelijk trappen Cubanen voortdurend tegen de schenen van hun vaderland en negeren zij vaak de regels of weten deze op inventieve wijze te omzeilen. De hordes mensen die hun diensten aan toeristen aanbieden zijn feitelijk illegaal bezig, maar dergelijk anarchisme is terug te voeren op de oude arbeidersbewegingen en de invloed van de anarchistisch-syndicalistische Spaanse immigranten uit de beginjaren van de 20^e eeuw. Deze instelling heeft ook bijgedragen aan de vorming van het Cubaanse socialisme.

MULTIRACIAAL CUBA

Cuba is een ware smeltkroes met nakomelingen van Spaanse bezetters en latere migranten, Franse bannelingen, Afrikaanse slaven, Chinese contractarbeiders en anderen, onder wie de inheemse Taínos. Gemengde huwelijken zijn al eeuwen gangbaar en naar schatting 70% van de bevolking is van gemengde afkomst. De Cubaanse cultuur heeft enorm veel te danken aan deze caleidoscopische erfenis.

Het uitroepen van raciale gelijkheid was een van de eerste daden van de Revolutie en wetgeving om discriminatie tegen te gaan werd snel ingevoerd. Oudere zwarte Cubanen die dit persoonlijk meemaakten, zijn Fidel hier nog altijd dankbaar voor. Hoewel discriminatie officieel is uitgebannen, doet het zich in de praktijk vaker voor dan men zou denken. De Revolutie gaf zwarte Cubanen gezondheidszorg, onderwijs en recht op arbeid, maar de Cubanen met een lichtere huidskleur blijven de dienst uitmaken. Bijna alle revolutionaire leiders waren blank en ook tegenwoordig hebben niet veel zwarte Cubanen een topfunctie, al zijn ze ruim vertegenwoordigd in de beroepsbevolking en zien we enkelen die op het punt staan een politieke carrière te beginnen. Er zijn meer blanke dan zwarte Cubanen werkzaam in de goedbetaalde toeristenindustrie. Jonge zwarte mannen (zowel Cubanen als buitenlanders!) worden vaker dan anderen door de politie aangehouden.

Tot voor kort was het een taboe om in de Cubaanse gemeenschap over racisme te spreken en omdat er geen ontmoetingsplaatsen meer waren waar alleen blanken toegang hadden, waren die er ook niet meer voor alleen zwarten – wat het moeilijk maakte om onderling racisme te bespreken. Nog altijd bestaat de vrees dat racisme de nationale eenheid zou kunnen verstoren die onontbeerlijk is om de tegenwerking van Amerika het hoofd te kunnen blijven bieden. Sinds 1998 buigen Cubaanse academici en ambtenaren zich over de vraag waarom het zo moeilijk is om racisme en stereotypering tegen te gaan in deze gemeenschap van gelijkwaardigheid. Castro's aanwezigheid op het World Conference on Racism (Durban, 2001) leverde een grote bijdrage aan de discussie. Er worden tegenwoordig conferenties en tentoonstellingen over dit onderwerp georganiseerd en jonge kleurlingen gebruiken rapmuziek

om racisme te bestrijden en een gelijkwaardige
behandeling op te eisen.

OMGANG MET RELIGIE

Het katholicisme overleefde een periode van
communistische onderdrukking, al was Cuba nooit zo
uitgesproken katholiek als de meeste andere Latijns-
Amerikaanse landen. Het katholieke geloof had vooral
weinig volgelingen onder de zwarte bevolking omdat die
bleef vasthouden aan de eigen Afro-Cubaanse religie.
Hoewel de Cubaanse grondwet aangeeft dat 'de staat
vrijheid van godsdienst erkent, respecteert en
garandeert', is het een feit dat de kerk gedurende
bijna vier decennia werd onderdrukt. Na 1959
voerde de kerk oppositie tegen het regime van
Castro, die reageerde door scholen van de kerk en
vele kerken te sluiten. Ook werd het aantal
geestelijken aanzienlijk ingeperkt. Protestantse kerken
en synagogen vielen onder dezelfde regels.

Sinds de kerk in 1998 weer werd erkend, neemt het
aantal praktiserend christelijke Cubanen toe. Degenen die
het katholicisme de rug hadden toegekeerd of heimelijk
hun geloof beleden, keren weer terug naar de kerk.
Protestantse gemeentes, inclusief baptisten, methodisten,
quakers en aanhangers van de pinksterkerk bleven zich
duidelijker profileren, al werd de beweging van de
Jehova's Getuigen in 1975 geheel verboden. Het
jodendom werd ook vele jaren onderdrukt – de meesten

van de 15.000 leden tellende Cubaanse joodse gemeenschap vluchtten het land uit toen Castro aan de macht kwam, maar velen zijn inmiddels teruggekeerd. Er zijn synagogen in Havana en Camagüey. De moslimgemeenschap telt enkele duizenden leden die voornamelijk van Libanese afkomst zijn.

Helaas wordt er steeds vaker melding van gemaakt dat de katholieke kerk in Cuba het sociale contact met de arme bevolking aan het kwijtraken is en dat de veiligheidsdiensten de kerkdiensten in toenemende mate controleren. Het lijkt erop dat de kerk zich aan het voorbereiden is op een politieke rol. In september 2003 kozen de Cubaanse bisschoppen de nationale feestdag van de Virgen de El Cobre (historisch gerelateerd aan de worsteling voor vrijheid) om een pastorale brief uit te laten gaan waarin stevige kritiek op de huidige politiek werd geventileerd.

Afro-Cubaanse religie

De religie van het Yoruba-volk bereikte Cuba via de slavenhandel en ontwikkelde zich in de loop der eeuwen tot de Afro-Cubaanse religie die plaatselijk *santería* wordt genoemd. Lange tijd werd dit geloof beleden door de bewoners van kleine boerengemeenschappen, maar tegenwoordig wordt deze geloofsrichting overal aangehangen door Cubanen uit alle etnische groeperingen, van alle leeftijden en van alle politieke overtuigingen – van keuterboeren tot ministers. Voor veel mensen vormt deze religie een krachtige gids voor het leven. De Afro-Cubaanse cultuur wordt voor een groot deel bepaald door de religie, wat potentieel tegenstrijdig is met een belangrijke doelstelling van de Revolutie: het creëren van een seculiere gemeenschap.

De Afro-Cubaanse religie kreeg internationaal meer aanzien toen de overheid door kreeg dat dit een cultureel interessant onderwerp was voor buitenlanders. Abakuá-dansen kwamen bijvoorbeeld steeds vaker voor in het repertoire van volksdansgroepen, buitenlanders werden uitgenodigd om een *santeriá*-dienst bij te wonen en boeken over de Afro-Cubaanse religie gingen als warme broodjes over de toonbank. Er is inmiddels een stroming die de Afro-Cubaanse religie probeert te ontdoen van folklore en deze vrij te maken van later toegevoegde christelijke syncretismen. Met probeert de oorspronkelijke waarden en traditionele praktijken weer te herstellen.

MANNEN EN VROUWEN

Cuba heeft onder veel toeristen, in het bijzonder mannen, het imago een tolerante samenleving te zijn, waar seks altijd op de loer ligt en de vrouwen uitdagend en gewillig zijn. Het is waar dat Cubanen geen moeite hebben om openhartig over seks te praten, net als over andere onderwerpen, maar dat beeld is gekleurd door een stevige dosis *machismo*. Het seksuele leven wordt echter gestimuleerd door de oprechte wens van de Revolutie om gelijkheid tussen mannen en vrouwen te bewerkstelligen. Het percentage echtscheidingen is echter hoog, overspel komt vaak voor en de mogelijkheid om een abortus te laten uitvoeren neemt ook barrières weg voor seks voor het huwelijk en buitenechtelijke seks. Cubaanse vrouwen zijn onafhankelijker dan vrouwen in vele andere ontwikkelingslanden: de meesten hebben een baan en daarmee een eigen inkomen en de overheid voorziet in kinderopvang, dus hoeft niemand uit economische overwegingen genoegen te nemen met een onbevredigende relatie. Toch is het gezinsleven bijzonder belangrijk voor de Cubanen. De cultuur idealiseert moederschap en kinderen en de meeste jonge vrouwen willen dan ook met een leuke man een gezin stichten. Vrouwen die in de prostitutie werkzaam zijn, doen dat meestal uit pure armoede.

Het Cubaanse *machismo* wordt de meest intense van heel Latijns-Amerika genoemd. De oorsprong hiervan is terug te voeren op de relatief late afschaffing van de slavernij. Tot die tijd werden vrouwen als bezit gezien en hadden slaafeigenaren het recht om zich seksueel uit te leven. De mannelijke cultuur met meerdere partners en huiselijk geweld blijft helaas voortbestaan, ondanks wetgeving en politieke gelijkstelling van man en vrouw (Gezinswet van 1975). Ook de economische crisis zorgt voor een toename van huiselijk geweld.

Hoewel de nationale vereniging van vrouwen (*Federacion de Mujeres Cubanas*, of FMC) zeer actief is geweest bij het afdwingen van onderwijs en gelijke (arbeids)rechten voor vrouwen, houdt deze organisatie helaas vast aan partijpolitieke uitgangspunten. De terugkeer van prostitutie werd bijvoorbeeld scherp veroordeeld, maar de economische factoren die hieraan ten grondslag lagen werden genegeerd.

Ondanks de mildere opvattingen die de overheid ten aanzien van homoseksualiteit lijkt te hanteren, bestaan er nog altijd veel vooroordelen tegen lesbiennes en homo's – in het bijzonder onder heteroseksuele mannen.

OMGANG MET BUITENLANDERS

Cubanen zijn bijzonder gastvrij voor bezoekers uit het buitenland - zij worden altijd met veel nieuwsgierigheid en oprechte interesse ontvangen. Gedurende lange tijd waren Cubanen bekend met landen en volkeren waar de westerse wereld minder om gaf, zoals Rusland, Bulgarije, Tsjechië, Joegoslavië en Oost-Duitsland. Ondanks dat de Sovjet-Unie gedurende drie decennia de economische motor van Cuba vormde, waren de Cubanen nooit erg te spreken over Oost-Europeanen en hadden ze weinig op met de Russen en hun cultuur. Achter de schermen werden Russen vaak in de maling genomen. Tegelijkertijd voelde men zich buitengesloten van West-Europa en vroeg men bezoekers uit Europa alles over hun land van herkomst te vertellen, vaak tot vervelens aan toe - wat zich nog altijd voordoet.

Er is overigens sprake van een aanzienlijke culturele affiniteit met Zuid-Amerikaanse landen en de Verenigde Staten.

Hoe Cubanen de Zuid-Amerikaanse landen zien varieert sterk en meningen zijn meestal gekoppeld aan de politieke insteek van dat land. Mexico wordt bijvoorbeeld gezien als bastion van solidariteit. Toch zijn vele Cubanen van mening dat ze het wat betreft onderwijs, gezondheidszorg en sociaal stelsel aanzienlijk beter hebben dan de meeste andere landen en dat heeft een bepaald superioriteitsgevoel tot gevolg.

In cultureel opzicht zijn de verbintenissen met andere landen in de Caraïben sterk. De meeste kleurlingen en zwarte Cubanen zien Afrika als hun oorsprong en de sterke toeloop op Afro-Cubaanse studies is hier het bewijs van.

Het mag geen verrassing zijn dat de Cubaanse mening over de V.S. bijzonder complex is. Hoewel politieke tegenstand juist een factor is die de Cubaanse gemeenschap bindt, is de mening over Amerikaanse burgers gevoeliger en meer genuanceerd. Cubanen reageerden in 2005 op de gevolgen van de orkaan Katrina door zich solidair te verklaren met de arme bevolking in het getroffen deel van Amerika. Bijna elke Cubaan heeft een familielid in Amerika en de Cubaanse cultuur is erg Amerikaans ingesteld - mede door de jarenlange Amerikaanse kolonisatie. In die periode werd een groot deel van de infrastructuur van Cuba opgebouwd. De passie voor honkbal (*beisbol*) en Amerikaanse bijnamen voor allerlei dingen (een taxi heet in de volksmond bijvoorbeeld *chevy*) refereren aan deze culturele affiniteit. Cubanen zijn dol op Amerikaanse consumptieartikelen.

HUMOR

Hoewel het waarschijnlijk niet waar is dat, zoals iemand ooit opmerkte, Cubanen niets in het leven serieus nemen, reageren zij evenwel met een sardonische humor op barre tijden en politieke beperkingen. De Cubaanse *choteo* (grappenmakerij) komt voort uit een lange traditie van politieke satire, die gebruikt wordt als een manier om een mening te ventileren, maar ook als uitlaatklep. Grote politieke evenementen zoals het pauselijk bezoek van 1998 roepen in het hele land talloze moppen op. De meningen zijn verdeeld over de vraag of het veilig is om moppen te vertellen over binnenlandse bewindslieden, maar grappen over bureaucratie, openbaar vervoer, economische crisis en verkrijgbaarheid en kwaliteit van voedsel worden zeer vaak gehoord. Cubanen hebben een voorkeur voor woordspelingen en geven alles en iedereen een bizarre bijnaam. Het land kent uitstekende politieke cartoonisten die voornamelijk afgeven op de Verenigde Staten. Als bezoeker zou het echter bijzonder ongepast en gevaarlijk zijn om een mop te vertellen over Cubaanse bewindslieden of de ideologische beginselen van de Revolutie.

ER HET BESTE VAN MAKEN

Cubanen zijn altijd al enorm inventief en veerkrachtig geweest. Ze zijn experts in het maken en repareren van dingen - iets waarmee ze de ontberingen van de Speciale Periode het hoofd konden bieden. Het bekendste

voorbeeld hiervan is de manier waarop antieke
Amerikaanse auto's al ruim een halve eeuw aan de praat
zijn gehouden terwijl er geen reserveonderdelen
verkrijgbaar zijn. Deze inventiviteit uitte zich ook op het
gebied van natuurbescherming, hergebruik van
afvalproducten en biologische landbouw. De Speciale

Periode werd ten volle benut
om hier het grootst
mogelijke voordeel uit te
halen. De rusteloze,
inventieve Cubaanse geest is
een belangrijke factor
gebleken bij de ontwikkeling
van Cubaans socialisme en

de pragmatische weigering om zich te confirmeren aan
het stalinistische model.

Cubanen zijn tevens bijzonder ondernemend. Zelfs in
de jaren 1980 werden bij elke gelegenheid kleine
ondernemingen opgericht, ook als ze na een paar weken
geen bestaansrecht bleken te hebben. Het toestaan van
vrij ondernemerschap in 1993 veroorzaakte een toeloop
op het inschrijvingskantoor voor kleine ondernemingen.
Veel van deze bedrijfjes moeten al voordien clandestien
hebben bestaan.

De onverzadigbare Cubaanse gemeenschapszin,
vrijgevigheid, scherpe humor en zelfs de bereidheid om
regeltjes te negeren of omzeilen, getuigen van een
veerkrachtig, vindingrijk volk met veel hoop en
doorzettingsvermogen.

GEBRUIKEN EN TRADITIES

Afrikanen, Europeanen en mensen van gemengde afkomst leven, zij het niet altijd op basis van gelijkwaardigheid, al bijna vijf eeuwen naast elkaar op Cuba. De Cubaanse cultuur is daarom een complexe mengeling van Afrikaanse en Europese – voornamelijk Spaanse – invloeden. In 1975 verklaarde Fidel Castro dat het land 'Afro-Zuid-Amerikaans' was en steeds meer mensen erkennen dat de Afro-Cubaanse cultuur en religie onlosmakelijk met de identiteit van het land zijn verbonden.

Deze over langere tijd gevormde cultuur vormde de basis voor de officiële cultuur van de Revolutie en samen brachten deze een aantal culturele praktijken en overtuigingen voort die permanent aanwezig zijn in het leven van alledag.

KATHOLIEKE TRADITIES

Cuba erfde de Spaanse katholieke kalender, vol met grootschalige, kleurrijke ceremoniën. Vooral de viering van manifestaties van de Maagd Maria waren populair. Sommige tradities bleven na de Revolutie gehandhaafd, ondanks de onderdrukking van de kerk. De viering van de

Virgen de la Caridad del Cobre, beschermheilige van
Cuba, bleef gewoon doorgang vinden.

LA VIRGEN DE LA CARIDAD DEL COBRE

Het verhaal gaat dat in 1606 drie mannen op
miraculeuze wijze werden gered van een storm op
zee toen een plank met daarop een houten beeld van
de Maagd Maria langs kwam drijven. Het beeld
werd meegenomen naar de mijn in
El Cobre, nabij Santiago de Cuba,
waar een schrijn werd gebouwd
en in 1927 een grote kerk. In
1916 werd de Barmhartige
Maagd van El Cobre officieel
uitgeroepen tot beschermheilige
van Cuba. Ook tijdens de
revolutionaire periode bleef zij
vereerd worden en zij wordt al lange tijd verbonden
met de strijd voor vrijheid. Daarom wordt zij net zo
sterk vereerd door medestanders van de Revolutie
op Cuba als de Cubaanse bannelingen in Amerika.
Binnen de *santería* wordt zij gelijkgesteld met
Oshún, godin van de liefde, welvaart en zoet water –
een van de meest populaire *orisha's* (goden).

Voor de viering van deze feestdag trekken vele
pelgrims naar El Cobre om de processie bij te
wonen waarbij een beeld van de Maagd door de
straten wordt gevoerd.

Vele religieuze tradities worden in ere hersteld nu de kerk wederom in alle openheid kan functioneren. Eerste kerstdag is weer uitgeroepen tot nationale feestdag – in tegenstelling tot Goede Vrijdag, Pasen, Pinksteren en andere belangrijke data op de christelijke kalender. Deze worden uitsluitend in de kerken gevierd. Tot de andere tradities die in ere werden hersteld behoren de oude Spaanse pelgrimage naar het kruis dat in mei plaatsvindt (*Romerías de la Cruz de Mayo*). Nabij Holguín beklimmen gelovigen een trap van 450 treden om een kruis te bereiken dat uitziet over de stad. Vele heiligendagen, vooral die van plaatselijke beschermheiligen, worden gevierd met straatfeesten. Havana viert het feest van zijn patroonheilige (St. Christoffel) met een serene mis in de kathedraal.

AFRO-CUBAANSE TRADITIES

De Afrikaanse religies in Cubaanse vorm – voornamelijk beleden door de Yoruba-slaven en hun nakomelingen – ontstonden om aan vervolging te ontkomen. De gelovigen verhulden de identiteit van hun ware goden (*orisha's*) achter de naam van katholieke heiligen. Elegguá, de eerste god om tijdens een viering te worden aangeroepen, werd vereenzelvigd met het Heilige Kind van Atocha; Obatalá, de grote *orisha* en schepper van de mensheid, wordt vergeleken met de Onbevlekte Ontvangenis van de Maagd Maria; Yemayá, godin van de zee, kreeg de naam van Regla, patroonheilige van de haven van Havana; Shangó, god van donder en bliksem maar ook van zang en dans, werd vervangen door St. Barbara; enzovoort.

De belangrijkste god van de Yoruba kent drie verschijningsvormen – Oludumare, Olofi en Olorún – wat uitnodigde om deze te koppelen aan de Heilige Drie-eenheid. Deze mengeling van religies wordt in de volksmond *santería* genoemd. In werkelijkheid aanbad men een eigen pantheon met ruim 400 regionale of tribale *orisha's*. De Afrikaanse benaming voor *santería* laat zich vertalen als 'geloofsregels van Oshá'.

Er zijn dikke boeken geschreven over *santería*. De priesters, *babalawos* genoemd, ondergaan een rigoureuze inwijding en opleiding. Rituelen worden thuis uitgevoerd (wat voortkwam uit de geheime beleving van de eigen religie) aan een kleurrijk altaar. Muziek en dans staan centraal en elke *orisha* wordt apart bezongen; de bijbehorende dans onderstreept de kwaliteiten van de desbetreffende god. Tijdens een ceremonie kan een aanwezige door de aangeroepen god worden bezeten. Het offeren van kleine dieren vormt een belangrijk onderdeel van de ceremoniën.

Een andere Afro-Cubaanse sekte is *palo monte* (geloofsregels van Mayombé): een religie die op de doden is gebaseerd en werd geïntroduceerd door slaven uit Kongo en Angola. *Abakuá* is feitelijk geen religie, maar een geheim genootschap dat alleen voor mannen toegankelijk is. Deze stroming werd gedomineerd door blanken en kreeg onder het bewind van Batista de sinistere reputatie geweld niet te schuwen. Tegenwoordig staat abakuá dichter bij een soort Afro-Cubaanse vrijmetselarij. Het gemaskerde *diablito* (duiveltje) met kap, een figuur uit de abakuá-ceremoniën, is onderdeel geworden van de Cubaanse folklore.

GESCHIEDENIS VIEREN

Evenals andere socialistische gemeenschappen deelt Cuba het enthousiasme om politieke en historische gebeurtenissen te herdenken en data en jaartallen te noemen. Sinds 1959 heeft elk jaar een eigen naam gekregen, bijvoorbeeld 'Jaar van de Agrarische Hervormingen' (1960), 'Jaar van de Heroïsche Guerrilla' (1968, een jaar na de dood van Che), 'Jaar van de Institutionalisering'(1977), 'Jaar van de 30ᵉ Herdenking van de Landing van de *Granma*' (1986). De moeilijkheden om dit patroon aan te houden wordt geïllustreerd door de naam van het jaar 2005 – 'Jaar van het Bolivariaans Alternatief voor het Amerikaanse Continent'.

Op soortgelijke wijze staat de kalender vol met revolutionaire feestdagen waarop toespraken en demonstraties worden gehouden. Voorbeelden hiervan zijn de geboortedag van Martí (28 januari), de Onafhankelijkheidsoorlog van 1895 (24 februari), het incident aan de Varkensbaai (19 april), de dood van Che Guevara (6 oktober), Camilo Cienfuegos (28 oktober) en martelaren van de Revolutie (30 juni). Ook worden belangrijke veldslagen uit de Onafhankelijkheidsoorlogen en de revolutionaire strijd herdacht. Er zijn feestdagen voor vrouwen (Internationale Dag van de Vrouw, 8 maart), kinderen (4 april), leraren (22 december) en anderen.

CULTURELE EVENEMENTEN

Als onderdeel van de promotie van de cultuur en het land zelf, sponsort de overheid tientallen festivals die gewijd zijn aan film, muziek, dans, literatuur, Afro-Cubaanse cultuur, enzovoort. Sommige worden jaarlijks georganiseerd, andere tweejaarlijks. Er zijn internationale evenementen zoals het boeken- en filmfestival (zie bladzijde 117), maar ook evenementen die zeer kleinschalig zijn, zoals het festival van de haan in Morón of het feest van de grapefruitoogst in Nueva Gerona op het Isla de la Juventud. Specialistische festivals, zoals het feest van de stoom worden gehouden in oude fabrieken en trekken internationale liefhebbers. Cuba organiseert ook vele nationale en internationale congressen, vaak voor de medische en wetenschappelijke wereld.

ENKELE CULTURELE FESTIVALS

April: *PERCUBA*, internationaal percussie- en drumfestival, Havana.

Mei: *Festival de Baile*, dans, Santiago de Cuba. Meifestival, traditionele dans en muziek, Holguín.

Juni: *Festival Boleros de Oro*, concerten van Cubaanse en internationale vertolkers van *bolero*-liederen, Havana, Santiago en Morón.

Juni, tweejaarlijks: *Jornada Cucalambeana, Encuentro Iberoamericano de la Décima*, Cubaanse volksmuziek en poëzie, Las Tunas.

Augustus: *Cubadanza*, moderne dans, Havana.
Festival de Rap Cubana Habana Hip Hop, Alamar**.**

Augustus, tweejaarlijks: *Festival Internacional de Música Popular "Beny Moré,"*, ter nagedachtenis aan deze populaire muzikant, Cienfuegos, Lajas en Havana.

September, tweejaarlijks: *Matamoros Son*, festival van *son*-muziek.

November: *Festival de Raíces Africanas Wemilere*, door de overheid gefinancierd Afro-Cubaans festival, Guanabacoa.

December: *Fiesta a la Guantanamera*, Afro-Cubaanse en Frans-Haïtiaanse muziek, cultuur en folklore, Guantánamo.

FEESTDAGEN

Tot de Kerst in 1997 weer tot officiële feestdag werd uitgeroepen, herdachten alle Cubaanse feestdagen politieke en historische gebeurtenissen. Dit ging gepaard met lange toespraken, parades en bijeenkomsten in de grote steden. Er zijn slechts vijf officiële feestdagen waarop kantoren en winkels sluiten (al blijven de meeste restaurants en toeristische faciliteiten gewoon open).

Nieuwjaarsdag wordt in het hele land uitbundig gevierd, mede omdat dit samenvalt met de Dag van de Bevrijding en het eind van het bewind van Batista. De Internationale Dag van de Arbeid mag altijd rekenen op een goede opkomst en overal worden toespraken gehouden en parades georganiseerd. In Havana marcheren duizenden met vlaggen zwaaiende studenten en leden van overheidsinstellingen langs de presidentiële loge en het monument ter nagedachtenis van Martí aan het Plaza de la Revolutión in Havana. Hoewel hier vroeger ruim een miljoen mensen aan meededen, is dat aantal de laatste jaren wat aan het teruglopen. Soortgelijke evenementen worden, zij het op kleinere schaal, georganiseerd op 26 juli (aanval op het garnizoen van Moncada) en 10 oktober (begin van de Tienjarige Oorlog, de eerste Cubaanse strijd om onafhankelijkheid).

Het openbaar vervoer is op feestdagen nog minder betrouwbaar dan op gewone werkdagen, maar op 1 mei worden alle bussen ingezet om de vele mensen naar de evenementen te vervoeren die in alle steden worden georganiseerd.

1 januari	Herdenking van de geslaagde Revolutie / Nieuwjaarsdag
1 mei	Internationale Dag van de Arbeid
26 juli	Herdenking van de Nationale Opstand
10 oktober	*Día del Grito de Yara*
25 december	Eerste Kerstdag

CARNAVAL

Net als vele andere aspecten van de Cubaanse cultuur dateert het Cubaanse carnaval uit het tijdperk van de slavernij en was dit een van de weinige gelegenheden waarop de slaven mochten zingen en dansen. In de 19ᵉ eeuw werd het eind van de suikerrietoogst gevierd met processies waarbij dansgroepen (*comparsas*) optraden. Dat ontwikkelde zich rond het begin van de 20ᵉ eeuw tot het huidige carnaval, waarbij elkaar beconcurrerende, kleurrijk uitgedoste ploegen met maskers, banieren en papieren lantaarns door de straten dansen.

Voor 1959 werden de *comparsas* vanuit diverse stadswijken gefinancierd, maar later droegen zij in toenemende mate politieke ideologieën uit. Tijdens de Speciale Periode werden de meeste jaarlijkse evenementen opgeschort, maar het carnaval is in zijn oude glorie hersteld. Carnavalbands maken gebruik van diverse soorten trommels, waaronder de *tumba francesca*, die uit Haïti werd overgebracht door slaven en verbannen Franse planters. U ziet ook de *corneta China*, de Chinese trompet die aan het eind van de 19ᵉ eeuw zijn intrede deed. De parades worden verder opgeluisterd door grote, opzichtige praalwagens met enorm grote dieren of karikaturen van papier-maché.

Havana kent jaarlijks twee carnavals, een in februari en de grootste in juli/augustus. Tijdens de laatste treden elke nacht topbands op aan de Malecón, de brede promenade langs de kust (maar ook elders). Het hoogtepunt wordt bereikt tijdens het laatste weekend en gaat gepaard met een parade van grote praalwagens die zich een weg baant vanuit het Oude Havana naar de Malecón. Santiago de Cuba is in juni gastheer van het meest uitgebreide carnaval, met prachtige praalwagens en kleurrijk uitgedoste mensen, muziek die de hele nacht voortduurt en vooral veel feesten. De hele stad wordt verlicht en alle deuren zijn opgesierd. Camagüey heeft een kleinschaliger, maar net zo bruisend carnaval dat ook in juni plaatsvindt. Er zijn andere carnavals in Pinar del Rio (juni), Ciego de Ávila (maart, op toeristen gericht) en Varadero (eind januari tot begin februari, zuiver toeristisch).

Een ander drukbezocht, carnavalachtig evenement dat tijdens de Vasten wordt georganiseerd is de Parrandas de Remedios (8-24 december, in Remedios en omringende dorpen). Dit evenement ontstond in 1829 toen de pastoor van Remedios de dorpskinderen opdracht gaf om de inwoners te wekken voor de missen tijdens de Vasten. Het festival begint met een optocht voor kinderen en bereikt zijn hoogtepunt tijdens een wedstrijd tussen twee stadswijken (Salvador en Carmen) – wie de meeste herrie maakt heeft gewonnen. De *fiesta*

wordt in de nacht voor Kerst afgesloten, maar nooit voor
03.00 uur!

OVERGANGSRITES

De economische crisis is de Cubaanse voorliefde voor
grootse trouwpartijen volledig voorbijgegaan – op de een
of andere manier lukt het altijd om de niet kinderachtige
kosten hiervan te dekken. De revolutionaire overheid riep
een instituut in het leven voor seculiere huwelijken, het
Palacio de los Matrimonios, door in 1966 een voormalig
gokpaleis in Havana als zodanig aan te wijzen. De
huwelijksvoltrekking in dit paleis duurt slechts een
kwartier en de opeenvolgende stelletjes passeren elkaar op
de brede trappen. De eenvoudigste ceremonie is
goedkoop, met gehuurde trouwjapon, bescheiden catering
en niet al te veel bier en rum. Toen de Speciale Periode
werd afgebouwd, begonnen families geld bijeen te brengen
om huwelijksfeesten uit te breiden met meer luxe, een
dure trouwjapon, veel etenswaren en glanzende
limousines.

In alle Latijns-Amerikaanse landen is de 15e verjaardag
van meisjes (*los quinces*) een speciale gelegenheid, waarbij
wordt gevierd dat zij de puberteit heeft bereikt. Cuba
vormt hierop geen uitzondering. De jarige (*la
quinceañera*) wordt getrakteerd op een groots feest met
banket, compleet met grote verjaardagstaart, waar zij
formeel danst met haar vader en mannelijke familieleden
en pas daarna met haar vriendje. De viering van de 15e

verjaardag van meisjes was voor de Revolutie in Cuba
bijzonder populair, maar later werd dat minder.

Alle familieleden dragen echter financieel bij wat ze
kunnen om hun dochters of nichten een groot feest te
gunnen. Gewoonlijk worden tijdens de *quinceañera* video-
opnamen en veel foto's genomen. De afgelopen jaren zijn
de quinces populairder geworden en ze zijn vaak mogelijk
door de bijdragen van welgestelde familieleden die in het
buitenland verblijven; ook wordt er steeds vaker een mis
gehouden. Trouwerijen, doopplechtigheden en
begrafenisplechtigheden vinden sinds 1998 ook steeds
vaker in de kerk plaats.

BIJ DE CUBANEN THUIS

KWALITEIT VAN HET LEVEN

Cuba is nooit een rijk land geweest en tegenwoordig is het in materieel opzicht zelfs een bijzonder arm land. Niettemin behaalde Cuba in 2004 de 52^e plaats op de wereldranglijst en 7e plaats op de ranglijst voor Zuid-Amerika en de Caraïben van de Ontwikkelingsindex van de VN. Deze index hanteert criteria zoals levensverwachting, onderwijs, geletterdheid en inkomen om de ontwikkelingsindex van een land vast te stellen. Het leven in Cuba doet u denken dat u in de tijd bent teruggekeerd – we zien er ouderwetse fietsen, vervallen, romantische bouwwerken, veelvuldig herstelde en opgelapte apparatuur en weinig concurrentie (al ontbreekt het niemand aan ondernemerschap). Veel mensen die het land hebben bezocht vinden echter dat de ware rijkdom van het land te vinden is in de gemeenschapszin van de bevolking.

De meeste Cubanen moeten er veel moeite voor doen om de eindjes aan elkaar te knopen en het woord dat zij hiervoor gebruiken is *resolver* – oplossen. Daaruit kunt u distilleren dat het dagelijks rondkomen wordt gezien als een terugkerend probleem dat opgelost dient te worden en niet als iets wat van voorbijgaande aard zou kunnen zijn. Persoonlijke welvaart wordt voor een groot deel bepaald door de valuta waar men over beschikt. Mensen die in de toeristensector werkzaam zijn vinden dat ze geluk hebben omdat ze toegang hebben tot buitenlandse valuta of converteerbare peso's. De staatssalarissen worden uitgekeerd in gewone peso's en zijn ook nog eens bijzonder laag, dus zelfs hoogopgeleide werknemers hebben een secundaire bron van inkomsten – al dan niet legaal.

Medio 2005 bedroeg het gemiddelde inkomen ongeveer 200 peso's per maand, wat bij een koers van 25:1 op ongeveer 8 CUC neer komt. De hoger opgeleiden verdienden 300-500 peso's per maand. Sommige staatsbedrijven in de toeristensector en andere ondernemingen die buitenlandse valuta binnenhalen kennen periodieke bonussen toe aan toegewijde werknemers – in strijd met de uitgangspunten van het socialisme waarbij de beloning voor inzet en betrokkenheid moreel behoort te zijn en niet materieel.

Gemengde ondernemingen (zie bladzijden 43 en 143) mogen salarissen alleen in peso's uitbetalen, maar vaak wordt er een premie in CUC's verstrekt.

Daar staat tegenover dat veel voorzieningen waar wij veel geld voor moeten betalen in Cuba gratis of zeer goedkoop zijn. Veel mensen zijn inmiddels huiseigenaar en aflossingen van de staatshypotheek worden beperkt tot 10% van het inkomen van de kostwinner. Zo wordt ook huur berekend. Onderwijs is op alle niveaus gratis, evenals de gezondheidszorg. Gas, elektriciteit en telefoondienst worden door de staat gesubsidieerd.

STAD EN PLATTELAND

De Revolutie had op het platteland aanzienlijk meer hervormingen tot gevolg dan in de steden. Fidels ervaringen in de afgelegen, straatarme Sierra Maestra onderstreepten zijn doel om het leven van de boeren te verbeteren. Hun producten leverden de staat immers de hoogste winst op. De agrarische hervormingen van 1960 stelden land ter beschikking aan de allerarmste boeren op het platteland, eerst in de vorm van coöperaties en later via staatsboerderijen. Kleine boeren verenigden zich in de Nationale Vereniging van kleine Boeren (ANAP). Sinds 1993 is bijna al het land dat in eigendom was van de staat overgedragen aan coöperaties die betaald krijgen aan de hand van de productie.

Wat de tekortkomingen van collectiviteit ook mogen zijn – de overheid werd er door in staat gesteld de leefomstandigheden van boeren aanzienlijk te verbeteren. Een politiek van landelijke hervormingen maakte de kloof tussen het leven op het platteland en in de steden kleiner door in dorpen te zorgen voor elektriciteit, stromend water, onderwijs en

gezondheidszorg. Er werden honderden nieuwe
landelijke nederzettingen gebouwd: tegenwoordig ziet u
op het platteland flatgebouwen die uitzien over
suikerriet- of tabaksplantages. Zo zorgde de Speciale
Periode ook voor 'stadse landelijkheid'. Leegstaande
bouwplaatsen en stadsparken werden gebruikt voor
intensieve biologische landbouw en stadsbewoners
werden gestimuleerd om een moestuin aan te leggen.

BEHUIZING

De stedelijke hervormingen die in 1960 gepaard gingen
met de landbouwkundige hervormingen zorgden voor
aanzienlijke huurverlagingen en de winst over de huur
werd doorgesluisd naar de staat in plaats van de
bankrekening van de huisbaas. Veel huizen van de rijken
werden gewoon door
werknemers overgenomen toen
de eigenaren het land
ontvluchtten. De meeste van
deze huizen zijn inmiddels
eigendom geworden van de
bewoners. Nieuwe huizen
kunnen via de staat worden

aangekocht via een hypothecaire lening met laag
rentetarief. In de jaren 1960 en 1970 werden er vele
flatgebouwen door vrijwilligers gebouwd. Deze
vrijwilligers hadden recht op een appartement in het
voltooide gebouw. Huizen kunnen echter overbevolkt

raken, in het bijzonder in de *barrios* in het oude centrum van Havana. Hier is gewoon geen ruimte om uit te breiden. Het pachtrecht is niet overdraagbaar en particuliere huizen worden alleen via het erfrecht overgedragen, dus er is geen sprake van een huizenmarkt. Families blijven dus gewoon op dezelfde plaats wonen, tenzij ze een woningruil kunnen regelen. Cuba kent een lange traditie van hecht familieverband, maar overbevolking kan leiden tot familieruzies.

Het elektriciteitsnetwerk beslaat bijna het hele land, maar valt vaak uit en ook de kennisgevingen inzake de periodieke verkrijgbaarheid van water en elektriciteit zijn onbetrouwbaar, maar in afgelegen gebieden worden tegenwoordig zonnepanelen neergezet. De veelvuldige stroomstoringen zijn een populair onderwerp voor cynische moppen en het valt inmiddels op dat toeristenoorden en dure hotels – de belangrijkste bronnen van inkomsten – vaak fel verlicht zijn als de rest van het land in duisternis is gehuld.

GEZONDHEIDSZORG

Het gezondheidsstelsel wordt alom gezien als een van de grootste verworvenheden van de Cubaanse Revolutie en de levensverwachting van Cubanen is inmiddels te vergelijken met die in geïndustrialiseerde landen. Alle Cubanen hebben recht op gratis

gezondheidszorg. De Revolutie riep medische zorg uit
tot prioriteit en begon een grootschalig
vaccinatieprogramma om besmettelijke ziektes uit te
bannen. In de jaren 1980 werden huisartsenpraktijken
opgericht om de druk op ziekenhuizen en poliklinieken
te verlichten en landelijke gebieden te bedienen. Elke
huisartsenpraktijk heeft de zorg over ongeveer 120
families. Jonge artsen die te paard hun huisbezoeken
aflegden werd in de bergdorpen al gauw gewoon
gevonden.

De gezondheidszorg heeft evenwel sterk te lijden
onder het Amerikaanse embargo en het wegvallen van
steun uit Oost-Europa. Er is geen tekort aan geschoold
personeel – Cuba zendt zelfs artsen uit naar andere
landen als uiting van solidariteit – of infrastructuur,
maar van medicijnen. De overheid heeft daarom
voorrang gegeven aan preventieve gezondheidszorg en
onderzoekt in toenemende mate de werking van
natuurlijke medicamenten. Er worden ook biologische
medicinale kruiden gekweekt en steeds meer mensen
grijpen terug op traditionele gezondheidszorg zoals die
wordt beoefend door aanhangers van *santería*.

Toen zich in de jaren 1990 steeds meer tekorten
voordeden in de voedselvoorziening, voorspelden
gezondheidsorganisaties de terugkeer van
voedinggerelateerde ziektes in Cuba. Dit wist men echter
goeddeels te voorkomen door zich vooral te richten op
kwetsbare groepen, zoals kinderen jonger dan vijf jaar
en moeders met hun pasgeboren kinderen. Ziekten zoals

tyfus en tuberculose staken de kop weer op omdat in sommige gebieden drinkwater niet gezuiverd kon worden. De Speciale Periode had echter ook onverwachte positieve effecten op de gezondheid van de Cubanen, omdat men meer groenten en fruit ging eten en meer lichaamsbeweging kreeg – er werd immers meer gefietst en gelopen. De afwezigheid van milieuvervuiling en uitlaatgassen zorgden voor een verbetering van de kwaliteit van lucht, grond en voedsel.

Ziekenhuizen raakten tijdens de Speciale Periode ook in verval en helaas ontstond er toen een scheiding tussen arme en rijke patiënten. De overheid begon welvarende patiënten uit het buitenland toe te laten om de kosten van de staatsziekenhuizen te dragen.

HIV/AIDS in Cuba

Volgend UNAIDS was Cuba een van de eerste landen die aids zagen als ernstige dreiging en op basis hiervan een zorg- en preventieplan ontwikkelde. De manier waarop dit preventieplan wordt uitgevoerd is onderwerp van verhitte discussies. Alle Cubaanse aidspatiënten worden ondergebracht in speciale sanatoria en een in Cuba ontwikkelde hiv-test wordt gebruikt bij landelijke onderzoeksprogramma's. Mede door deze ingrijpende maatregelen zijn er overweldigende resultaten geboekt: de besmetting van 0,05% van de bevolking in 2003 behoorde tot het laagste percentage ter wereld. Volgens een buitenlandse schrijver die in 2002 een bezoek bracht aan een sanatorium, zijn dit comfortabele instellingen waar patiënten goed verzorgd worden, over weekendpasjes beschikken en familiebezoek krijgen.

Het is het vermelden waard dat aidspatiënten hun salaris gewoon doorbetaald krijgen als zij in een sanatorium worden opgenomen.

Het Amerikaanse embargo onthield Cuba tot 2001 van antiretrovirale medicijnen, maar vanaf dat jaar werden die in eigen laboratoria gemaakt. Nu is Cuba een van de weinige ontwikkelingslanden die voor alle ingezetenen met hiv/aids voldoende medicijnen heeft.

Invaliditeit

De omgang met invaliditeit is in dit land minder voortvarend dan met gezondheidszorg. Invaliden zijn verzekerd van gepaste medische zorg, revalidatie en een plaats op de arbeidsmarkt, maar ze worden meer door sociale werkplaatsen dan door de gemeenschap opgevangen. Deze aanpak is paternalistisch, maar wellicht het enige betaalbare alternatief in plaats van het hele land invalidentoegankelijk te maken. Slechts weinig instellingen of uitgaansgelegenheden zijn rolstoeltoegankelijk of ingesteld op invaliden.

Er is ook aandacht besteed aan geestelijke zorg. Tot 1959 was er slechts één psychiatrisch ziekenhuis en tegenwoordig zijn dat er drie: in Havana, Camagüey en Santiago de Cuba. Sommige ziekenhuizen hebben ook een afdeling psychiatrie.

ONDERWIJS

Wat Cuba in het onderwijs heeft bereikt is
wereldberoemd. Alle vormen van onderwijs
– van peuterspeelzaal tot universiteit – is
gratis. Dit levert een over het algemeen
goed opgeleid arbeidspotentieel op.
Conform het gedachtegoed van zowel Marx
als Martí, combineert het onderwijssysteem
theorie met praktijkervaring. Zo brengen stadskinderen
per jaar zes weken op het platteland door, waar ze
klassikaal onderwijs combineren met werk op de akkers
– in het weekend gaan ze naar huis. Critici van de
Revolutie bestempelen dit als het exploiteren van jonge
mensen als goedkope arbeidskrachten, maar men kan
evengoed beweren dat hiermee in een vroeg stadium
gemeenschapszin, respect voor anderen en inzicht in de
economie wordt bijgebracht.

Strijd om Ideeën

Zoals wel vaker wordt gezien, dreigen dergelijke
grootschalige verworvenheden ten onder te gaan aan een
gebrek aan middelen - maar ze dreigen ook te worden
ondermijnd door kapitalistische invloeden. De Strijd om
Ideeën die al geruime tijd actief is, wordt gevormd door
een grootschalige campagne die ruim honderd projecten
telt en tot doel heeft de negatieve sociale invloed die het
toerisme met zich meebrengt teniet te doen. We denken
hierbij aan het feit dat steeds minder jongeren een baan
in het onderwijs willen. Tijdens een noodprogramma

dat tot doel had het aantal leerlingen per klas terug te brengen tot twintig, werden ruim 5500 jongeren opgeleid tot onderwijzer en kregen zij een baan op hun lokale basisschool terwijl ze gewoon hun eigen hoger onderwijs bleven volgen. Tot de andere projecten behoren opleidingen tot sociaal werker, de lancering van een televisiezender voor het onderwijs, de levering van televisies, video's en computers aan scholen en opleidingsprogramma's van de Open Universiteit.

HET GEZIN

De Revolutie veranderde de wijze waarop Cubaanse gezinnen leefden. In het verleden leefden families van drie generaties bijeen, maar dat komt tegenwoordig minder vaak voor. De voornaamste reden hiervoor is dat de huizen in Havana te klein zijn, maar ook omdat er veel echtscheidingen zijn. Veel Cubanen van veertig hebben er al drie huwelijken opzitten. Stellen nemen steeds minder kinderen en het aantal huishoudens dat door een vrouw wordt gedreven neemt toe – dat komt mede door het feit dat vanaf 1980 de meeste emigranten mannen zijn.

De bevolking vergrijst en Cuba telt het hoogste percentage ouderen van heel Latijns-Amerika, niet op de laatste plaats door de uitstekende gezondheidszorg.

De uittocht van Cubanen is van grote invloed geweest op het Cubaanse gezin; het vertrek is altijd pijnlijk,

ongeacht de beweegredenen om het vaderland te verlaten.
Soms zorgt emigratie voor politieke onenigheid, maar de
meeste gezinsleden aan weerszijden van de Straat van
Florida streven ernaar om de eenheid te bewaren (in het
bijzonder als emigratie om economische redenen
plaatsvond). Vele Cubanen waren in 2003 bijzonder
kwaad op president Bush omdat hij van de ene dag op de
andere familiebezoek aan Cuba beperkte tot eens in de
drie jaar.

HET DAGELIJKS LEVEN

Cubanen lijken altijd relaxed te zijn, maar ze houden er
een bijzonder druk leven op na. De gebruikelijke
werkweek loopt van maandag tot vrijdag van 08.30-
17.30 uur met een uur lunchpauze. Sommige
instellingen zijn ook op zaterdagochtend geopend. Veel
mensen moeten lange en oncomfortabele reizen
ondernemen om hun werkplek te bereiken. In landelijke
gebieden duurt de werkdag van voor zonsopkomst tot
na zonsondergang.

Vrouwelijke gezinsleden verrichten de meeste
huishoudelijke werkzaamheden. De Gezinswet uit 1975
heeft nauwelijks veranderingen teweeggebracht in de
traditionele verdeling van huishoudelijk werk. De
kinderen naar school brengen of boodschappen doen is
in de praktijk het meeste wat de Cubaanse mannen voor
hun rekening nemen. De ontberingen tijdens de Speciale
Periode werden vooral gevoeld door de vrouwen die zich

met het huishouden bezighielden, omdat er thuis meer voedsel moest worden verbouwd dan voorheen, het vervoer van en naar de werkplek langer duurde en gezinnen het zich niet langer konden veroorloven om de was en schoonmaakwerkzaamheden uit te besteden.

In de avonduren volgt men vaak een cursus of neemt men deel aan culturele activiteiten, maar er is ook tijd om even niets te doen. Cubanen gaan vaak bij elkaar op bezoek, meestal onaangekondigd, en bijna elke gebeurtenis wordt aangegrepen als excuus om een feestje te geven. Tijdens de warmere maanden trekken mensen in het weekend massaal per bus naar de stranden van Havana en steeds meer (jongere) mensen bezoeken op zondag de kerk.

La Libreta

Aan het begin van 1962 werd rantsoenering ingesteld, wat tot op heden is blijven voortbestaan – al fluctueren de hoeveelheden en het aanbod van de goederen die in het bonnenboekje (*libreta*) staan regelmatig. De *libreta* is nodig om bepaalde voedingsmiddelen te kunnen kopen, evenals schoenen en kleding, in het bijzonder kinderkleding. Pasgetrouwde stelletjes krijgen een taart, drie dozen bier en een speciaal rantsoen aan kleding. Deze producten worden geleverd door warenhuizen die *bodegas* worden genoemd. Deze zijn te herkennen aan de lange rijen mensen die voor de deur op hun beurt wachten. Gezinnen waarvan alle leden werken, sturen vaak een familielid om uit hun naam in de rij te staan.

DE GEMEENSCHAP

De traditie van het volgen van avondcursussen gaat terug
tot de campagne van 1961 die iedereen moest leren lezen
en schrijven. Dit vond vaak plaats bij het licht van een
stormlantaarn nadat het werk op de akker of in huis was
afgerond. Cubanen van alle leeftijden nemen
tegenwoordig deel aan een groot aantal door de overheid
gestimuleerde activiteiten in de avonduren, waaronder
avondschool, muziek, dans, theater, sport en
bijeenkomsten.

Vrijwilligerswerk

Vrijwilligerswerk (*trabajo voluntario*) werd in 1962
ingevoerd als tijdelijke maatregel om het suikerriet van dat
jaar te oogsten, maar werd later uitgebreid naar andere
economische activiteiten zoals bouwwerkzaamheden. In
1976 werd vrijwilligerswerk in de grondwet omschreven
als 'smederij van het communistische bewustzijn van ons
volk'. Dit is een uitspraak die een van de overtuigingen van
Che Guevara duidelijk verwoordde: in de hervormde
gemeenschap was morele voldoening aanzienlijk
belangrijker dan materiële voldoening. In 2004 werden er
enkele speciale vrijwilligersdagen uitgeroepen om de 45e
verjaardag van de Revolutie te vieren.

Men verschilt van mening over de mate waarin het
vrijwilligerswerk daadwerkelijk op vrijwillige basis
plaatsvindt. Het is waar dat sommige mensen dit uit
overtuiging graag ter hand nemen, maar dat anderen aan
de slag gaan omdat de overheid dat van ze verlangt. Ook

kan het zijn dat men door het verrichten van vrijwilligerswerk gemakkelijker bepaalde schaarse consumentenartikelen kan aanschaffen. Mensen krijgen hun gewone salaris doorbetaald als ze zich elders als vrijwilliger opgeven, dus niemand hoeft er op in te leveren. Problemen kunnen zich echter voordoen als ongeschoold personeel wordt ingezet in specialistische bedrijfstakken, zoals de bouw.

De CDR's

Het ledental van de CDR (*Comité de Defensa de la Revolución* – comité ter verdediging van de revolutie) is hoog. Volgens bronnen van de overheid doen hier miljoenen mensen aan mee en hoewel het beslist geen verplichting is om lid te zijn, kun je hierdoor wel snel hogerop komen in de gemeenschap of de partij. Deze organisatie werd expliciet in het leven geroepen om te surveilleren (zie bladzijde 39) en werd aan het eind van de jaren 1980 hervormd om te voldoen aan de eisen van de Speciale Periode. Nog altijd wordt hiermee misdaad bestreden, maar het is onduidelijk in welke mate de organisatie zich eveneens bezighoudt met politieke spionage.

Op andere terreinen, zoals de coördinatie van rampenplannen, bloeddonaties, vaccinaties en soortgelijke campagnes, is de inzet van de CDR's van onschatbare waarde. Toch zijn ze ook verantwoordelijk gehouden voor de organisatie van 'snelle reactiegroepen' die bij de huizen van dissidenten samenscholen en dreigementen uiten.

VRIENDEN MAKEN

Er is niets eenvoudiger dan kennis te maken met de intens sociale Cubanen, maar het onderhouden van een goede verstandhouding kan om een aantal redenen lastig zijn. De befaamde Cubaanse nieuwsgierigheid – wat de kennismaking gemakkelijk maakt – kan na verloop van tijd als uitputtend worden ervaren. Het lijkt wat ongemanierd om hiervoor te waarschuwen als mensen oprecht vriendelijk zijn, maar desondanks is het aan te raden enige voorzichtigheid en terughoudendheid in acht nemen. Dat geldt zeker voor politieke uitlatingen en seksueel getinte uitspraken.

MENSEN ONTMOETEN

De Cubaanse levenswijze is voor buitenlanders zeer toegankelijk, in het bijzonder voor degenen die Spaans spreken. Het leven speelt zich voornamelijk af op straat of in portieken en mensen zijn oprecht in elkaar geïnteresseerd. Zelfs in het drukke centrum van Havana is het onmogelijk om je verloren te voelen, wat zich in grote westerse steden bijna altijd voordoet. Iedereen maakt in het voorbijgaan oogcontact en binnen de kortste keren knoopt iemand een gesprek met u aan. Als u iemand de weg vraagt zal diegene waarschijnlijk even met u meelopen naar het adres dat u zoekt, zeker als u geen of weinig Spaans spreekt. Vreemdelingenhaat lijkt in Cuba niet te bestaan. De altijd vriendelijke benadering is des te opmerkelijker omdat de voorkeursbehandeling die buitenlanders krijgen feitelijk in strijd is met de beginselen van de Revolutie.

Als u het niet leuk vindt om antwoord te geven op persoonlijke vragen, heeft u in Cuba een probleem. Iedereen zal u vragen waar u vandaan komt en wil alles weten over u, uw familie en uw land. Dit is allemaal goed bedoeld en begrijpelijk, zeker omdat de vragen worden gesteld door mensen die niet bereisd zijn – maar toch wordt het na verloop van tijd vermoeiend. De hartverwarmende Cubaanse gemeenschapszin en het ontberen van privacy zijn twee zijden van dezelfde medaille.

Gastvrijheid

Cubanen zijn op het ziekelijke af gastvrij en zullen u naar alle waarschijnlijkheid al bij de eerste ontmoeting thuis uitnodigen voor een maaltijd; als u wilt blijven slapen dan is dat meestal ook geen probleem. Als u hier niet op in wilt gaan, is het vaak moeilijk om dat zonder iemand te kwetsen duidelijk te maken. Als u echter ingaat op de uitnodiging, moet u een manier vinden om een (financiële) bijdrage te leveren aan de maaltijd of een klein

cadeau mee te nemen. Ook moet u bereid zijn een tegenuitnodiging te doen. Als u buitenshuis gaat eten, dient u te onthouden dat u over aanzienlijk meer geld beschikt dan uw Cubaanse tafelgenoot en moet u bereid zijn voor de maaltijd te betalen.

Moet u op tijd bij iemand op de stoep staan? Het is alleszins aanvaardbaar om een beetje te laat te komen – maar niet overdreven laat. Het Cubaanse gebrek aan punctualiteit is berucht, al is men op tijd als de gelegenheid dat wenselijk maakt. Een rekbare hantering van tijd in het sociale leven is begrijpelijk als u weet dat iemand een boete opgelegd kan krijgen als hij tien minuten te laat op het werk verschijnt – ongeacht de kwaliteit van het openbaar vervoer.

Clubs en sociëteiten

Als u langere tijd in Cuba verblijft kunt u veel mensen ontmoeten door lid te worden van een koor, dansclub of studiegroep. Hiervoor moet u echter wel de Spaanse taal beheersen en zult u in eerste instantie als excentriekeling worden gezien, maar u zult veel leren en gemakkelijk vrienden kunnen maken. Als u over kennis beschikt die u bij de groep kunt inbrengen is dat een groot voordeel.

WELKE KLEDING?

De combinatie van een warm klimaat en weinig middelen heeft tot gevolg dat men zich in Cuba zeer informeel kleedt. Mannen dragen tijdens vergaderingen en officiële evenementen soms een licht katoenen kostuum of colbert, maar een overhemd met stropdas voldoet uitstekend – net als een *guayabera* (klassiek Cubaans hemd). Dit soort hemd is volgens de overlevering afkomstig uit Centraal-Cuba waar guaveplukkers (*guayabas*) zakken nodig hadden om de geplukte vruchten in te stoppen. Dit hemd wordt open gedragen, heeft lange of korte mouwen, twee tot vier opgenaaide zakken, decoratieve verticale banden aan de voorzijde en knopen van parelmoer. De guayabera is geschikt voor zelfs de meest officiële gelegenheden.

Cubaanse vrouwen besteden veel aandacht aan hun uiterlijk en kleden zich formeler dan mannen – zowel op het werk als thuis. Dames die een broek dragen worden overal geaccepteerd. Shorts worden alleen op het strand of thuis gedragen (geldt ook voor mannen). We zouden de kledingvoorschriften kunnen omschrijven als 'gesoigneerd informeel'. Het is tactloos om buitensporig dure kleding te dragen.

GESPREKSSTOF

Men zal u zeker vragen of u Cuba een leuk land vindt, wat *niet* gezien mag worden als een uitnodiging om gedetailleerd in te gaan op de tekortkomingen van de overheid of bewindvoerders. Cubanen reageren gepassioneerd en fel op voorvallen uit de recente geschiedenis en u zult vaak gepolariseerde of tegenstrijdige meningen te horen krijgen. Zet niemand

onder druk om uitspraken te doen over de politieke
situatie en vraag vooral niet naar hun mening over Fidel.
Als u twijfelt, kunt u beter luisteren dan praten. Als u
een gesprek aanknoopt moet u een algemeen onderwerp
aansnijden of iets waar Cubanen allemaal affiniteit mee
hebben zoals muziek, film, sport of de natuurpracht van
hun land.

Sommige mensen die met u in gesprek gaan, zullen bij
u hun kritiek op de overheid willen spuien omdat dat
veiliger en eenvoudiger is dan dat bij andere Cubanen te
doen. Het kan voorkomen dat iemand u vol verve uit de
doeken doet wat er mankeert aan de ideologie van de
Revolutie om plotseling geheel stil te vallen. De kans is
groot dat er dan een andere Cubaan binnen
gehoorsafstand is gekomen.

Dat roept de vraag op of Cubanen zich bespioneerd
voelen. Ondanks dat Cuba een praatgrage natie is,
worden vele zaken niet besproken – en met reden. Het
kan niet worden ontkend dat veiligheidsdiensten de
bevolking in de gaten houden, in het bijzonder de
potentiële dissidenten. Door sterke kritiek te uiten of
deze bij anderen te ontlokken zou u Cubanen in het
verdachtenbankje kunnen plaatsen. Gewone toeristen
zullen geen last hebben van spionage of een 'schaduw'
die ze overal volgt en in de gaten houdt. Mensen die
Cuba beroepsmatig bezoeken – in het bijzonder
journalisten – worden vaak onopvallend gevolgd. Het
beste kunt u tijdens gesprekken politiek discreet zijn en
geen harde uitspraken doen.

Gevaarlijke verstandhoudingen?

Seks en liefde zijn vaak onderwerp van gesprek en roddel.
Kennismaking met leden van de andere sekse kan veel
geflirt met zich meebrengen, maar daar wordt niet al te
serieus mee omgegaan. Het is echter goed om te weten dat
Cubanen verschillende regels hanteren voor buitenlanders
en landgenoten. Sekstoerisme is helaas al doorgedrongen
tot de reguliere toeristenbranche en soms zal men denken
dat u op zoek bent naar seks. Het duurt dan ook meestal
niet lang voordat u wordt uitgenodigd om het bed te
delen (ongeacht of u man of vrouw bent). Uw
nieuwe vriend of vriendin zal echter een
bijdrage verwachten in de vorm van geld,
cadeaus ('Geef je me dat horloge als je
weggaat?) of zelfs een kans om het land te
verlaten. Het komt voor dat Cubaanse
vrouwen met buitenlanders trouwen om op
legale wijze Cuba te kunnen verlaten.

Evenals elders in Latijns-Amerika krijgen (Cubaanse
en buitenlandse) vrouwen veel aandacht van mannen.
Dit leidt bijna nooit tot vervelende ontwikkelingen en
het geflirt is eenvoudig te pareren of te negeren. Het
meest wordt de *piropo* gebruikt, het Cubaanse equivalent
van het gefluit vanaf een bouwsteiger. Er wordt beweerd
dat dit in het verleden eleganter werd gebracht dan de
seksueel getinte kreten die u tegenwoordig hoort, maar
om ze te verstaan moet u de Spaanse taal goed beheersen.
Het komt een enkele keer voor dat een oudere heer een
compliment of guitige opmerking plaatst aan het adres

van een goed ogende dame. Tenzij u zich echt wilt verdiepen in de Cubaanse omgangsvormen tussen de seksen, kunt u het beste de *piropo* negeren – gewoon doen of u niets hebt gehoord.

DE TOERISTENOORDEN ONTVLUCHTEN

De meeste mensen brengen hun eerste en vaak enige bezoek aan Cuba door als toerist. Toch zijn er vele andere manieren om van het land te genieten dan het voor u uitgestippelde standaardpakket aan strandvertier en amusement te ondergaan – u komt immers nauwelijks buiten de enclaves die voor het toerisme zijn ingesteld. Hieronder volgen enkele alternatieven.

De platgetreden paden mijden

Specialistische, educatieve en op basis van solidariteit ondernomen tours zijn een uitstekende manier om het echte Cuba te bezichtigen. Er zijn vele reisbureaus en –agentschappen die tours aanbieden die vooral gericht zijn op Afro-Cuba, culturele binnen- en buitenactiviteiten en de geschiedenis en verworvenheden van de Revolutie.

Ondanks dat Amerika nog altijd niet toestaat dat zijn burgers Cuba als toerist bezoeken, maken steeds meer Amerikanen een omweg via een ander land om Cuba binnen te komen. Zij riskeren een aanzienlijke boete als zij worden betrapt door de Amerikaanse immigratiedienst en onder het bewind van Bush mocht niemand rekenen op clementie.

In plaats van een arrangement te boeken is het uitdagender en meestal aanzienlijk interessanter om als individuele reiziger Cuba te bezoeken. Voorwaarde hiervoor is dat u zich redelijk kunt redden in het Spaans en over voldoende tijd beschikt om alles te organiseren. Veel Europeanen voegen Cuba als bestemming toe na een rondreis van Zuid-Amerika. Om Cuba binnen te komen hebben ingezetenen van de meeste landen voldoende aan een geldig paspoort, retourticket en een toeristenkaart met een geldigheidsduur van dertig dagen (officieel geen visum, maar een apart inlegvel dat wordt afgestempeld als u het land binnengaat; dit wordt bij vertrek weer ingenomen). Ook moet u kunnen aantonen dat u in een hotel verblijft, maar in de praktijk boeken toeristen een hotelkamer (dat wordt op de toeristenkaart vermeld) en logeren dan bij vrienden of particulieren (*casas particulares*). Het verdient aanbeveling om in een buitenwijk te logeren en die grondig te verkennen, de mensen te leren kennen die er wonen, de plaatselijke bus te nemen in plaats van een taxi en u ver te houden van de superluxe resorts waar u alleen andere toeristen tegenkomt. De overheid geeft er natuurlijk de voorkeur aan dat u opgesloten zit in een toeristenoord en daar veel geld uitgeeft, maar als u meer van het land wilt zien, moet u wat avontuurlijker zijn ingesteld.

Vrijwilligerswerk

Als u tijdens uw verblijf iets nuttigs wilt doen, kunt u lid worden van een van de vele brigades of deelnemen aan een werk/studietour die worden georganiseerd door solidariteitsorganisaties. Dergelijke organisaties zijn in vele Europese landen actief en zullen u zeker verder kunnen helpen. Brigades zetten zich gedurende periodes van enkele weken tot enkele maanden in voor de landbouw, bouw en andere werkzaamheden. Als lid van de brigade krijgt u altijd educatieve uitstapjes aangeboden en in de avonduren wordt er veel muziek gemaakt en gedanst. De aanpak van de solidariteitsbrigade is echter gefundeerd op onvoorwaardelijke steun aan de Revolutie en staat dan ook niet open voor kritische analyse. Kerken organiseren ook solidariteitstours, gewoonlijk gestoeld op medemenselijkheid of liefdadigheid in plaats van kritiekloze politieke solidariteit. Wel wordt de door de Revolutie bereikte vooruitgang ten aanzien van sociale gelijkwaardigheid erkend.

LANGER BLIJVEN

De beste manier om een land en zijn bevolking te leren kennen is er te gaan wonen en werken of studeren. In Cuba is dat niet altijd even eenvoudig en u krijgt met een heleboel bureaucratie te maken – u moet bijvoorbeeld beschikken over een uitnodiging en een visum waarop het doel van uw verblijf duidelijk wordt omschreven - maar het is beslist mogelijk.

In Cuba is het mogelijk om uiteenlopende studies te volgen: specialistische instellingen verzorgen opleidingen film en televisie, muziek, dans, andere uitvoerende kunsten, Afro-Cubaanse studies en zelfs medicijnen. U kunt voor diverse opleidingen ook terecht bij de universiteit van Havana. Als u eerst Spaans moet leren, is dat ook ter plaatse mogelijk. Spoedcursussen zijn te volgen aan de universiteiten van Havana en Santiago; ook zijn er enkele taleninstituten. Als u van plan bent onderzoek te doen, kunt u soms om die reden een langdurig bezoek aan Cuba regelen.

Voor degenen die in Cuba willen werken is het niet mogelijk om na aankomst op zoek te gaan naar werk. De overheid neemt contractarbeiders met bepaalde vaardigheden uit het buitenland aan, maar het verkrijgen van een baan langs die weg vergt vanwege de bureaucratie enorm veel tijd. Bovendien moet u iemand in Cuba kennen die weet welke banen te vergeven zijn aan buitenlanders en die u in de goede richting kan sturen. Het is ook belangrijk om te weten dat mensen uit welvarende geïndustrialiseerde landen na zelfs twee of drie maanden bij een vrijwillige brigade te hebben gewerkt, zich in het geheel niet kunnen aanpassen aan de ontberingen van een langdurig verblijf in het armlastige Cuba.

hoofdstuk zes

VRIJE TIJD

Cubanen besteden net zo veel energie aan hun
vrijetijdsbesteding als aan hun werk. Bioscopen en
theatervoorstellingen zijn goedkoop en worden dan ook
druk bezocht. Muziek maken en beluisteren zijn nationale
obsessies, maar omdat het Cubaanse klimaat bijna perfect
is en men niet tev eel geld te besteden heeft, brengen
Cubanen veel van hun vrije tijd door in het park, aan het
strand, in ijssalons of thuis (schaken en domino), maar de
meest populaire vrijetijdsbesteding is conversatie.

GELD

Geldzaken zijn voor de bezoeker verwarrend, omdat de
regels steeds worden veranderd (zie Hoofdstuk 1,
Economie). De nationale munteenheid (*moneda
nacional*) is de peso. Op 25 oktober 2004 verving Cuba
de tussentijds als betaalmiddel geïntroduceerde
Amerikaanse dollar door de Cubaanse converteerbare
peso (CUC) als officieel betaalmiddel voor toeristen (al
mogen Cubanen ook CUC's gebruiken als ze hier de
hand op weten te leggen). Toeristen kunnen niet langer
met dollars betalen, maar zij kunnen wel de gewone

Cubaanse peso gebruiken. De CUC is een binnenlandse munteenheid en heeft alleen binnen de landsgrenzen waarde (wissel dus uw CUC's om voordat u het land verlaat). In 2005 werd de koers van de CUC vastgesteld op US\$ 1,08. Iedereen die Cuba binnenkomt met dollars, moet ze inwisselen tegen converteerbare peso's. Het is overigens de moeite waard om een andere munteenheid (bijvoorbeeld de euro) in te wisselen tegen CUC's, want dan ontloopt u de toeslag van 10% die wordt geheven voor het wisselen van dollars.

U kunt legaal geld wisselen in banken en *casas de cambio* (CADECA's). Het is onverstandig om op straat geld te wisselen, ongeacht de gunstige koersen die worden geboden. De grote Cubaanse banken hebben in het hele land vestigingen en vaak ook in hotels. Banken zijn van maandag tot vrijdag geopend van 08.00-15.00 uur, in toeristische gebieden zijn ze

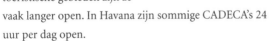

vaak langer open. In Havana zijn sommige CADECA's 24 uur per dag open.

Buitenlanders rekenen bijna alles af met CUC's, al kunt u op steeds meer plaatsen ook met gewone peso's betalen (in toeristenoorden in toenemende mate ook met euro's). Het is niet ongebruikelijk om met CUC's te betalen en gewone peso's als wisselgeld te krijgen. U heeft peso's nodig voor markten, stalletjes en kiosken, buskaartjes, boeken en kranten en bioscoopkaartjes.

Het symbool voor de gewone peso is $, het dollarteken – nog een bron voor verwarring. Peso's en CUC's hebben dezelfde denominatie, maar pesobankbiljetten zijn voorzien van portretten van nationale helden; CUC's zijn nieuwer en voorzien van afbeeldingen van nationale monumenten. De CUC-munten dragen de inscriptie INTUR. De onbekendheid met deze twee munteenheden speelt oplichters in de hand – controleer altijd uw wisselgeld.

Travellercheques in Canadese dollars, ponden en euro's zijn te verzilveren, zo lang ze niet zijn uitgegeven door een Amerikaanse bank. De commissie die berekend wordt voor het verzilveren van cheques bedraagt 2-4%. U kunt geld opnemen met een niet-Amerikaanse creditcard. Met een niet-Amerikaanse creditcard kunt u op vele plaatsen afrekenen, maar American Express en zelfs in Amerika uitgegeven Visa wordt nergens geaccepteerd. Het is eenvoudiger om voldoende contant geld bij u te hebben.

WINKELEN

Cuba is geen consumptiemaatschappij. Het aanbod in de winkels wordt aanzienlijk beperkt door de staatscontrole over de economie, een tekort aan harde valuta en het Amerikaanse embargo. Als een nieuwe zending met consumptiegoederen aankomt, wordt alles meteen verkocht. Cubanen hebben een bonnenboekje om voedingswaren en sommige andere artikelen te kopen, maar dat is geen garantie dat die artikelen in de schappen liggen.

Winkels kennen geen vastgestelde openingstijden, u kunt het beste informeren bij de plaatselijke bevolking. Voor toeristen zijn er winkels met airco – vaak verbonden aan een hotel – die CUC's en creditcards accepteren. Hier kunt u terecht voor artikelen zoals insectenwerende middelen, rum, koffie, sigaren en cd's. Andere CUC-winkels concentreren zich op de plaatselijke bevolking die de beschikking heeft over CUC's of harde valuta. De gewone pesowinkels op de vrije markt verbreden echter steeds meer het aanbod en verbeteren de kwaliteit om te kunnen concurreren. De herinvoering van vrij ondernemerschap heeft een enorme toename van het aanbod aan voedsel en kunstnijverheid tot gevolg gehad en aan marktstallen kunt u betalen met CUC's maar ook met *moneda nacional*. Wisselgeld krijgt u doorgaans in gewone peso's.

De boerenmarkten, gewoonlijk op zondagochtend en dinsdag t/m vrijdag, zijn levendig en zeker een bezoek waard. De beroemdste markt is de Mercado de Cuatro Caminos in Havana.

Beeldende kunst van goede kwaliteit is te koop in galeries, maar om kunstwerken te exporteren moet u beschikken over een speciale vergunning en een certificaat van echtheid. De tweedehands boekenmarkt op de Plaza de Armas in Havana is een uitstekende plek om Cubaanse klassiekers op te duiken die niet langer worden uitgegeven. Op de markten voor kunstnijverheid kunt u terecht voor kitscherige souvenirs.

CUBAANSE SIGAREN

Cuba produceert de beste sigaren ter wereld – in allerlei
soorten en formaten. Tabak is een arbeidsintensieve teelt
en wordt verbouwd op kleine boerderijen in delen van
Centraal-Cuba, maar voornamelijk in Vuelta Abajo en
Semi-Vuelta in de provincie Pinar del Río. Tabakswerkers
behoorden vroeger tot de elite van de Cubaanse
arbeidersbeweging.

De verkoop van sigaren had lange tijd te lijden van het
Amerikaanse embargo, waardoor zich een grote zwarte
markt kon ontwikkelen. Het beste kunt u sigaren kopen in
de door de staat beheerde Casas del Habano. Kijk even of
de verpakking is afgesloten met een banderol met het
opschrift *Hecho in Cuba totalmente a mano* (geheel met de
hand in Cuba vervaardigd), het wapen van de overheid en
de sluitzegel 'Habanos'. Als die niet aanwezig zijn, zijn het
geen originele Cubaanse sigaren. Sigaren met de
kwaliteitsaanduiding *Bauza* vertonen wat schoonheids-
foutjes, maar zijn desondanks prima. Doe geen zaken met
sigarenverkopers op straat – die leveren allemaal slechte
kwaliteit.

UIT ETEN

Weinig mensen komen naar Cuba voor het eten. Cubanen
ondernemen echter lange reizen in eigen land vanwege het
eten, zij het dat de nadruk bij hen ligt op kwantiteit en niet
zozeer op kwaliteit. Men gaat daarheen waar de porties
groot zijn of in ieder geval van normale grootte. De

prerevolutionaire keuken was (voor de rijken) verfijnd en gevarieerd, maar de strijd van de Revolutie om iedereen van voldoende voedsel te voorzien, heeft de Cubaanse keuken behoorlijk afgeslankt. Uit eten gaan is daarom een zekere uitdaging.

Vegetariërs zullen buiten de aan de hotels verbonden restaurants moeite hebben om iets van hun gading te vinden. Het is opmerkelijk dat ondanks het geschikte klimaat voor de teelt weinig Cubanen iets op hebben met groentes. Vlees mag in dit land bij geen enkele maaltijd ontbreken. Een gerecht dat al lange tijd hoog op de ranglijst staat is *lechón con yuca* – geroosterd speenvarken met yucca. Bijgerechten worden feitelijk als garnering geserveerd in de vorm van een eenvoudige salade of gebakken banaan. Het dessert bestaat gewoonlijk uit een tropische fruitsalade of een combinatie van zoete guavepasta (*dulce de guayaba*) met kaas. U kunt het nagerecht echter ook gebruiken in een ijssalon; de beroemdste en beste is Coppelia in Havana, waar de lange, roddelende wachtrij een bezienswaardigheid op zich is.

Internationale en fastfoodrestaurants schieten als paddenstoelen uit de grond, maar de gerechten zijn doorgaans smakeloos en onavontuurlijk. Helaas laat de bediening en ambiance van veel restaurants veel te wensen over, al beginnen de staatsrestaurants te begrijpen wat toeristen op prijs stellen. Deze restaurants zijn vaak gevestigd in prachtig gerestaureerde koloniale bouwwerken. In sommige chique restaurants wordt mannen verzocht een jasje en stropdas te dragen. Wees erop voorbereid dat bedienend personeel klunzig en niet zo hulpvaardig is – dat komt voort uit de tijd dat ze geen fooien kregen en geen reden hadden om beleefd te zijn.

Goedkoper, en in vele opzichten interessanter, zijn de informele *paladares*, kleine familierestaurants die vaak zijn gevestigd in particuliere huizen of appartementen. Hier kunnen maximaal twaalf gasten worden ontvangen.

Deze gelegenheden dienen aan strikte regelgeving te voldoen, al worden de regels op creatieve wijze uitgelegd. Controleer vooraf de prijzen en als er geen menukaart of prijslijst is, moet u op uw hoede zijn. Er kunnen 'toeristische' menukaarten zijn met hogere prijzen dan die voor de reguliere klanten. Als iemand u naar een *paladar* begeleidt, dient u te weten dat zijn aanbrengpremie via uw nota wordt verdisconteerd.

FOOIEN

Het zal u wellicht verbazen, maar iedereen - van de portier van het hotel en de toiletjuffrouw tot parkeerwachten en ronddolende muzikanten – verwacht een fooi voor zijn of haar diensten. Een gids verwacht 2 CUC's per persoon en een taxichauffeur 10% van de ritprijs; uitzondering hierop is als u vooraf een ritprijs hebt afgesproken. De gebruikelijke fooi in een restaurant bedraagt 10% in dezelfde munteenheid als waarmee u de rekening betaalt, maar bij *paladares* is de fooi gewoonlijk al bij de prijs inbegrepen.

Met uitzondering van Havana sluit de keuken meestal om 22.00 uur. Restaurants en paladares verwachten afgerekend te krijgen met CUC's; alleen de betere restaurants en hotels accepteren creditcards. De airco kan op de hoogste stand staan, dus kunt u het beste een trui meenemen.

DRINKEN

Het is drank en in het bijzonder de op rum gebaseerde cocktails waar Cuba veel internationale bekendheid om geniet. Bier (*cerveza*) wordt de hele dag door zeer koud gedronken. Cristal (licht) en Bucanero (zwaar) zijn de populairste merken, maar er zijn ook diverse frisdranken (*refrescos*) verkrijgbaar als u even geen bier wilt. De koffie is altijd sterk en er is gewoonlijk al suiker toegevoegd – vraag om *sin azúcar* als u geen suiker gebruikt, *cortado* voor een drupje koffiemelk en *café con leche* voor een koffie met melk. Thee zoals wij die kennen wordt in Cuba niet gedronken, al wordt er soms kamillethee geserveerd (*manzanilla*). Cuba produceert zelf wijn onder de merknaam Soroa, maar geïmporteerde wijnen zijn beter.

Cocktails met een geschiedenis

Rum vormt de basis voor alle bekende Cubaanse cocktails en longdrinks: *mojito* (witte rum, limoensap en een twijgje munt), *daiquiri* (vernoemd naar de plaats Daiquirí, nabij Santiago, waar dit drankje aan het begin van de jaren 1900 werd uitgevonden) en *cuba libre* (rum vermengd met cola,

het symbool van de Amerikaanse
onderdrukking). De cuba libre werd
volgens de overlevering tijdens de
Onafhankelijkheidsoorlog van 1898 bedacht door
Amerikaanse soldaten die de draak staken met de
leuze van de nationalisten waarmee werd
opgeroepen Cuba te bevrijden. De bovengenoemde
drankjes kunt u bijna overal bestellen. Twee beroemde
plaatsen in Havana om dat te doen zijn de Bodeguita del
Medio, waar de muren zijn volgehangen met gesigneerde
foto's en handtekeningen van beroemdheden, en de
Floridita, waar Ernest Hemingway het liefst een glaasje
gebruikte. Deze uitspanningen worden tegenwoordig meer
door toeristen dan door de plaatselijke bevolking bezocht.

KUNST
Cultuur en censuur

Door onderwijs voor iedereen toegankelijk te maken,
opende de Revolutie voor de eerste keer de poort tot vele
uiteenlopende vormen van cultuur. De volkscultuur en in
het bijzonder de Cubaanse muziek en dans die
wereldberoemd zijn geworden, bestonden natuurlijk al
eeuwen, maar de Revolutie zag de cultuur tot grote bloei
komen door musea en kunsttoonzalen te openen,
orkesten, dans- en theatergroepen en kunstacademies op
te richten en een bruisende nationale filmindustrie op te
zetten. De plaatselijke culturele centra (*Casas de la
Cultura*) waar mensen avondcursussen kunnen volgen, lid

kunnen worden van een koor of gemeentelijke fanfare,
concerten bij kunnen wonen en films kunnen zien,
werden in het hele land opgezet. De in 1960 opgerichte
Casa de las Americas is uitgegroeid tot een van de meest
prestigieuze culturele instituten van Latijns-Amerika. Dit
instituut looft jaarlijks literaire, muziek- en kunstprijzen
uit en organiseert conferenties, tentoonstellingen en
concerten. Er zijn nationale instituten voor schrijvers,
kunstenaars en filmmakers. Cubaanse beeldend
kunstenaars zijn in dienst van de staat; zij hoeven er geen
bijbaantje op na te houden in afwachting van hun 'grote
doorbraak', al geven veel van hen les als integraal
onderdeel van hun vak.

Censuur en discriminatie blijven echter voortbestaan.
De politieke censuur is door vele landen scherp
veroordeeld, meestal ingegeven door
dissidenten die in het nieuws wisten te
komen. Men zou echter kunnen
zeggen dat terwijl de Revolutie een
verbod heeft uitgevaardigd op het
ventileren van bepaalde meningen, de
meeste Cubanen zonder die Revolutie

niet eens hun eigen naam hadden kunnen schrijven.

Zoals in vele onderdelen van het leven in Cuba
ondervinden we ook hier tegenstrijdigheden. De Revolutie
propageerde aanvankelijk intellectuele vrijheid en
artistieke creativiteit, maar de gedachte een inval te
moeten doorstaan (wat voortkwam uit het incident aan de
Varkensbaai) zorgde voor de inperking van de vrijheid van

meningsuiting. In zijn 'Toespraak aan de Intellectuelen' van 1961 deed Castro een van zijn meest geciteerde uitspraken: 'Niets kan tegen de Revolutie in gaan... We zeggen niet wat mensen moeten schrijven... maar we houden hun literaire werk tegen het licht van het revolutionaire prisma'. De op Sovjetleest geschoeide jaren 1970 waren zwaar voor degenen die zich sterk maakten voor intellectuele vrijheid, maar in die tijd werden eveneens de meest indrukwekkende kunstwerken voortgebracht. Vanaf de jaren 1990 is er een merkbare verlichting van vooroordelen en censuur en over het algemeen kan gezegd worden dat het Cubaanse culturele leven wederom behoort tot de rijkste van Latijns-Amerika.

Evenementen bijwonen

In hotels, bij reisagenten en op luchthavens kunt u informatie krijgen over culturele evenementen die in het verschiet liggen. Buitenlanders hoeven meestal niet in de wachtrij aan te sluiten en kunnen kaartjes kopen bij toeristenbureaus, hotels of bij Agencia Paradiso, het agentschap dat zich bezighoudt met cultureel toerisme.

Muziek en dans

Muziek en dans stroomt Cubanen door de aderen. Vanaf de tijd dat de Amerikaanse zanger/gitarist Ry Cooder in 1996 ad hoc een gelegenheidsgroep oude Cubaanse muzikanten bijeen bracht die hij de Buena Vista Social Club noemde, is Cubaanse volksmuziek en jazz een van de belangrijkste exportproducten geworden en worden er inmiddels meerdere internationale festivals in Cuba georganiseerd.

De Cubaanse volksmuziek is nauwelijks beïnvloed door commercie en komt voort uit een onafgebroken ontwikkelingsreeks waarbinnen tradities een belangrijke rol spelen. De stijl die inmiddels wereldberoemd is geworden, is een mengeling van enkele traditionele genres: de *décima*, waar coupletten of korte strofen elkaar alternerend 'beconcurreren'; de volksmuziek *punto guajiro*, waarvan het beroemdste voorbeeld het door Joseito Fernandez geschreven Guantanamera (1929) is; en de onder Frans-Spaanse invloed gevormde *danzón*, die in de jaren 1920 evolueerde tot de spil van de Cubaanse muziek, de *son*. De bekendste afgeleide van de *son* is de *rumba*, die de *décima* vermengt met Afrikaanse ritmes. Deze traditionele muziek vormt de basis voor de moderne *salsa* en Cubaanse jazz, die door de nieuwe generatie *soneros* in Cuba en het buitenland worden doorontwikkeld.

Deze muziekvormen dateren van voor de Revolutie, maar de jaren 1960 brachten de *nueva trova* voort, een populaire school van zangers/tekstschrijvers die de Revolutie expliciet steunde. De leidende figuren waren Silvio Rodríguez en Pablo Milanés en hun teksten prezen en bekritiseerden de Cubaanse gemeenschap terwijl de idealen van de Revolutie werden bejubeld.

Cuba heeft ook een geschiedenis van klassieke muziek

die teruggaat tot de 18ᵉ-eeuwse componist van kerkmuziek Esteban Salas en zijn moderne volgeling Leo Brouwer. Cuba heeft een nationaal symfonieorkest en nationaal koor, alsmede meerdere kamerensembles.

Veel hotels in Havana organiseren concerten met topbands. Niet alle optredens worden aangekondigd, dus is het de moeite waard om plaatselijk informatie in te winnen. De meest genoeglijke optredens zijn de jamsessies waar amateurmuzikanten elkaar treffen in een plaatselijke *casa de la trova* – elke stad heeft er minstens één en in Santiago is er zelfs een hele straat mee gevuld, de Calle Heredita. Er worden talloze *cumbanchas* (straatfeesten) gehouden en er is levende muziek in cafés, bars en hotels. Voor klassieke uitvoeringen kunt u in Havana terecht bij het Teatro Amadeo Roldán en de Basilica de San Francisco de Asis.

Dans lijkt de natuurlijke lichaamstaal van alle Cubanen te zijn! Er zijn twee officiële nationale dansgezelschappen – het Ballet Nacional de Cuba, in 1948 opgericht door de prima ballerina Alicia Alonso; en de Conjunto Folklórico Nacional de Cuba, in 1962 opgericht om traditionele en Afro-Cubaanse dans levend te houden. Het Ballet de Camagüey geniet grote bekendheid, evenals enkele kleinere dansgezelschappen.

Het aanbod van dansvoorstellingen is groot: de Conjunto Folklórico Nacional verzorgt elke zaterdag in Havana een *rumba*voorstelling, terwijl het Ballet Nacional de Cuba het hele jaar door voorstellingen geeft in het Gran Teatro de La Habana. Dit gezelschap organiseert ook een jaarlijks balletfestival.

Bioscoop en theater

De Cubaanse bioscoopfilm kon zich dankzij de Revolutie
ontwikkelen; in 1959 werd hiervoor de Cubaanse
filmindustrie ICAIC opgericht. In de jaren 1960
ontwikkelde de Cubaanse film zich steeds
verder, tot in 1968 het hoogtepunt werd bereikt
met *Memorias del Subdesarollo (Herinneringen
aan Onderontwikkeling)* van Tomás Guttiérrez en
Lucia van Humberto Solás. Ondanks economische
tegenwerking vanuit het buitenland verschijnen er echter
nog altijd films van wereldklasse. Vanaf de Speciale Periode
leunt de Cubaanse filmindustrie steeds zwaarder op
buitenlandse investeerders, wat de inhoud van didactische
films of films met een boodschap zou kunnen beïnvloeden.
In december organiseert Havana jaarlijks het belangrijke
Festival Internacional del Cine Latinoamericano.

De mogelijkheid om via dit medium de Revolutie te
bekritiseren wisselt nogal. Guttiérrez Alea maakte van
1966 tot 1995 uit de gelederen van de Revolutie vele
parodieën op de bureaucratie van de overheid omdat hij
werd geïnspireerd door de tegenstrijdigheden die zich
hierbinnen voordeden.

Cubanen bezoeken graag de bioscoop en bijna iedereen
kan zich dit veroorloven, dus zijn ook hier wachtrijen.
Films worden aangekondigd in plaatselijke dagbladen en
met raambiljetten.

Voor de Revolutie telde Cuba minder dan vijftien
theaters, maar tegenwoordig zijn dat er ruim zestig en
Havana organiseert een tweejaarlijks internationaal

theaterfestival. In alle grote steden kunt u genieten van de gebruikelijke maar ook van experimentele producties. Teatro Cabildo in Santiago en El Público in Havana hebben hun eigen permanent bezette theaters. Het in 1968 gebouwde Teatro Escambray werd opgericht als gemeenschapstheater in de meer afgelegen bergen van Escambray. Hier wordt nog altijd opgetreden en lesgegeven.

Beeldende kunsten

Veel van de schilders die de basis vormden van het nationale artistieke imago, onder wie Wilfredo Lam (1902-82) en René Portocarrero (1912-85), stammen uit de tijd van voor de Revolutie maar waren hier desondanks zeer over te spreken. Na 1959 werd een programma van kunstonderwijs ontwikkeld en werden de Nationale Kunstacademie en Instituut voor Moderne Kunst opgericht. Castro had weinig op met beeldende kunst, maar legde geen zware beperkingen op, wat tot gevolg had dat deze kunstvorm niet werd gereduceerd tot politieke propaganda. Grafische kunst werd echter een belangrijk medium voor de verkondiging van revolutionaire doelstellingen en er werd enorm veel creativiteit gelegd in muurschilderingen en posters.

Tegenwoordig is de overheid bijzonder enthousiast over Cubaanse kunstuitingen. Galeries worden door de staat gedreven: hier kunt u terecht voor aankoop van kunstwerken. Tot de hedendaagse Cubaanse kunstenaars behoren Manuel Mendive, wiens werk is gebaseerd op mythes en tradities van de Yoruba, en Flora Fong, die beiden internationale bekendheid hebben. Tentoon-

stellingen op de in november (oneven jaren) gehouden
Biënnale van Havana brengen het werk van jonge
kunstenaars onder de aandacht van een breed publiek.

Voor tentoonstellingen in galeries kunt u *Arte en La
Habana* (gratis) raadplegen. Enkele van de mooiste
hedendaagse (en oudere) kunstwerken van Cuba zijn te
bezichtigen in het Museo Nacional de Bellas Artes in Havana.

Literatuur en boeken

Boeken zijn in Cuba gemakkelijk en goedkoop te verkrijgen.
De staatsuitgeverij verzorgt alle studieboeken en het lezen
wordt vurig gestimuleerd. Ook Fidel is een fervent lezer.
Luxueuze, gebonden edities komen nauwelijks voor, maar
het aanbod van Cubaanse en Latijns-Amerikaanse werken
en vertalingen van klassieke werken is overweldigend. Zelfs
tijdens de zwaarste tijden van de Speciale Periode werden er
boeken uitgegeven, gedrukt op krantenpersen die uit de
Sovjet-Unie werden geïmporteerd toen de
economie ineenstortte. Jaarlijks wordt in
Havana in januari of februari een
internationale boekenbeurs georganiseerd,
die vervolgens het hele land doortrekt.

Vraagstukken over nationale identiteit
en sociale problemen komen in Cubaanse literatuur vaak
aan bod: de werken van José Martí zijn een klassiek
voorbeeld hiervan en slavernij was een favoriet onderwerp
voor 19ᵉ-eeuwse romans. De postrevolutionaire periode
haakte hier op in en genres zoals misdaadliteratuur zijn in
Cuba een relatief jonge ontwikkeling. Cubanen houden

van poëzie, dus moet u niet vreemd opkijken als iemand enkele gedichten aan u voordraagt.

De bekendste Cubaanse boeken in het westen zijn geschreven door verbannen auteurs die kritiek leveren op het regime of onderwerpen behandelen die voorheen taboe waren. Er zijn echter aanzienlijk meer schrijvers die achter de Revolutie staan, zoals de dichter Nicolás Guillén, die al in de begindagen van de Revolutie gelauwerd werd, en Alejo Carpentier, die beiden een belangrijke rol speelden binnen de stroming van het 'magisch realisme'.

MUSEA

Cuba is een land van musea. Er zijn musea die gewijd zijn aan de meest uiteenlopende onderwerpen - van muziek tot tabak en van auto's tot koloniale en plaatselijke geschiedenis. Veel van de musea zijn gevestigd in oude koloniale bouwwerken die op zich al een bezichtiging waard zijn. Het oudste museum werd in 1899 in Santiago geopend door de zoon van de oprichter van de Bacardí-distilleerderij.

Openingstijden lopen sterk uiteen en zelfs de aangekondigde openingstijden worden vaak niet aangehouden. Maandag of dinsdag zijn de dagen waarop musea officieel gesloten zijn. Veel grote musea rekenen toegang en een toeslag voor fotografie. Sommige musea verzorgen een rondleiding met gids die bij de prijs van het toegangskaartje is inbegrepen. Bijschriften zijn gewoonlijk uitsluitend in het Spaans.

SPORT EN BUITENACTIVITEITEN

Hoewel professionele beoefening van sport na de Revolutie werd afgeschaft, is er veel geld geïnvesteerd in amateursport. Castro ziet sport als onderdeel van de opvoeding en sportieve prestaties worden met nationale trots bezien als reclame voor de Revolutie.

Honkbal (*beisbol*) en boksen zijn de populairste sporten. Honkbal waaide aan het eind van de jaren 1860 over vanuit Amerika en is tegenwoordig de nationale sport. Cuba won met honkbal zijn eerste Olympische medaille tijdens de spelen van Barcelona in 1992. De wedstrijden zijn zeker de moeite van het bijwonen waard, al is het maar om de sfeer op de tribunes mee te maken. De grotere stadions hebben aparte zitplaatsen voor buitenlanders, maar het is leuker om tussen de Cubaanse supporters plaats te nemen.

Cuba won diverse Olympische bokstitels, en vooral Teófilo Stevenson wordt in hoog aanzien gehouden. Alberto Juantonera en María Colón zijn twee Olympische atleten die hun hoogtepunt in de jaren 1970 bereikten.

Andere belangrijke sporten zijn volleybal, basketbal en voetbal. In landelijke gebieden worden nog altijd hanengevechten gehouden (als dat sport genoemd mag worden) al zijn die tegenwoordig illegaal. Op stoepjes en in parken wordt vaak een partijtje schaak gespeeld en in de zwoele avonduren hoort u overal het geklik van dominostenen en het klinken van met rum gevulde glazen (het drinken van onversneden rum wordt ook door velen als topsport gezien).

Massatoerisme heeft de poort opengezet voor buitenactiviteiten. Duiken, surfen en sportvissen zijn bijzonder populair. De wateren rond Isla de la Juventud behoren tot de mooiste duiklocaties ter wereld. De meeste vakantieoorden zijn voorzien van tennisbanen en sommige beschikken zelfs over een eigen golfbaan. Fietsen, wandelen en paardrijden zijn activiteiten die snel aan populariteit winnen. De Sierra Meastra en Topes de Collantes, nabij Trinidad, zijn prachtige wandelgebieden. Voor trektochten naar de bergtoppen moet u een gids inhuren, maar er worden eenvoudiger routes uitgezet die u zelfstandig kunt volgen. Er worden steeds meer ecotoerismeprogramma's ontwikkeld voor vogelaars, botanisten en speleologen.

SEKS
Prostitutie
Bordelen en prostitutie zijn door de Revolutie onwettig verklaard, maar die bleven achter de schermen gewoon voortbestaan. Prostitutie doet zich recentelijk weer in de openbaarheid voor; het is illegaal, maar de overheid hanteert vanwege economische redenen een gedoogbeleid. De seksindustrie floreert op straat, in hotellobby's en toeristische bars. De meeste vrouwen moeten zich af en toe prostitueren om de eindjes aan elkaar te kunnen knopen. Een uitermate naar neveneffect is de groei van het sekstoerisme en de toenemende vraag naar minderjarigen waar vooral blanke mannen van middelbare leeftijd op lijken te vallen – hier wordt streng tegen opgetreden.

De gay-scene

Het leven is in Cuba voor homoseksuelen niet eenvoudig, al is er enorme vooruitgang geboekt ten opzichte van de jaren 1960 toen homoseksualiteit nog strafbaar was en ook ten opzichte van de jaren 1980 toen homo's nog altijd geen baan in het onderwijs konden krijgen. De intolerantie van overheidswege is in de jaren 1990 verminderd, in het bijzonder in 1993 na de presentatie van de film *Fresa y Chocolate* (Aardbeien en chocolade) van Guttiérrez. Deze film speelt zich af rond de verhouding van een homoseksuele man met een jonge communist. In 2001 werden de eerste (niet rechtsgeldige) homohuwelijken gesloten.

Cubaanse homo's mogen nog altijd geen lid worden van de communistische partij en een openbaar vertoon van homoseksueel gedrag is illegaal. Er zijn geen openbare gelegenheden waar homo's bijeen kunnen komen, dus speelt een groot deel van de gay-scene zich af bij mensen thuis. Homo's hebben op straat nog altijd last van vooroordelen.

DRUGS

Gebruik van drugs onder Cubanen komt minder vaak voor dan in ontwikkelde landen. Veel jonge Cubanen roken marihuana. Deze is meestal afkomstig uit Jamaica, maar in de omgeving van Guantánamo houdt men er enkele planten voor eigen gebruik op na. Op straat wordt marihuana aan toeristen aangeboden, maar pas op: buitenlanders die drugs bij zich hebben worden het land uitgezet en als u handelt in drugs riskeert u een lange gevangenisstraf.

hoofdstuk zeven

REIZEN

Drie dingen waar u steevast mee te maken krijgt als u door Cuba reist zijn regels, voorschriften en voorwaarden. Hierdoor zult u bijna nooit op eenvoudige wijze ergens spontaan heen kunnen reizen. Benzineschaarste en een gebrek aan reserveonderdelen legden in de jaren 1990 het openbaar vervoer plat, maar het systeem is de afgelopen jaren verbeterd en aanzienlijk betrouwbaarder geworden. Dit komt niet op de laatste plaats door de toeristenindustrie.

Zoals wel vaker in Cuba het geval is, gelden voor buitenlanders andere regels, voorschriften en voorwaarden dan voor Cubanen, vooral wat betreft de te gebruiken munteenheid en de gehanteerde tarieven. Soms wordt u zelfs geacht een ander soort vervoermiddel te nemen dan de Cubanen.

IN DE RIJ STAAN

In Cuba is *cola* niet de overbekende bruine frisdrank, maar een altijd aanwezige wachtrij. Tenzij u uitsluitend per toeristisch vervoer of in een huurauto reist, duurt het niet lang voordat u zal moeten aansluiten in een *cola* bij een bushalte of loket waar kaartjes worden verkocht. De rij ziet er gewoonlijk uit als een losse groep mensen, maar als u bij de bushalte aankomt vraagt u met luide stem: '¿*El último?*' ('Wie is de laatste?'), waarop de laatste in de rij zich kenbaar maakt en u *el último* bent geworden. U maakt zich bekend bij de eerstvolgende die in de rij aansluit. Hoewel de chaotische *cola* zich gewoonlijk omtovert tot een rij als de bus in zicht komt, kan die (als het warm is, of de bus veel vertraging heeft) uiteenvallen in een schermutseling om aan boord te komen. Het komt echter ook wel eens voor dat Cubanen buitenlanders uit hoffelijkheid naar de voorkant van de *cola* duwen, wat u dient te aanvaarden, ook als u het niet eerlijk vindt.

LANGEAFSTANDSVERVOER
Trein

De staatsspoorwegen, Ferrocarriles de Cuba, bedienen Havana en de provinciale hoofdsteden. Als u geen haast hebt en geen zin om in een *cola* te staan wachten, is de trein een goed alternatief. De treinen zijn veilig en comfortabel en het is gewoonlijk geen probleem om een kaartje te bemachtigen. Buitenlanders kunnen kaartjes reserveren via de grotere hotels, kantoren van Ferrotur of het agentschap LADIS. Kaartjes moeten met CUC's worden betaald. In kleinere steden en voor plaatselijke treinverbindingen moet u zich minstens twee uur voor vertrektijd bij de *cola* aan het loket aansluiten. Zwartrijden wordt bestraft met een toeslag van 100% van de ritprijs. Houd rekening met vertragingen en annuleringen – de dienstregelingen die op stations geraadpleegd kunnen worden zijn opgetekend door optimisten.

Er zijn drie soorten treinen. De meest luxueuze zijn de *Especiales*, sneltreinen tussen Havana en Santiago die ook bekend staan als *Tren francés* –Franse trein – omdat deze dienst gebruikmaakt van afgedankte TEE-rijtuigen die in 2001 van Frankrijk werden overgenomen. Ze zijn voorzien van ligstoelen, rookvrije coupés, buffet en overactieve airco (toiletpapier zelf meenemen!). De meeste treinen zijn echter geklasseerd als *Regular* (laat u niet misleiden: dit betekent gewoon, niet regulier). Dit zijn de langzamere stoptreinen die niet voorzien zijn van rookvrije ruimtes of airco, maar als troost kunnen de ramen worden opengezet. Niet alle treinen zijn van een buffet voorzien. De treinen die als *Lecheros* (letterlijk: melktreinen) worden omschreven zijn zeer sober ingericht en stoppen bij elk gehucht. Alle interprovinciale treinen vertrekken van het Estación de Ferrocarril in Havana.

Een rit met de onvoorstelbaar trage 'Hershey-trein' (zo genoemd omdat die werd aangelegd door de gelijknamige Amerikaanse chocoladefabriek) tussen Havana en Matanzas vormt een alleraardigste dagtocht. Dit is de enige elektrische trein in Cuba en voert langs oude suikerfabrieken en prachtig natuurschoon. Neem de bus om terug te keren naar Havana!

Bus

De meeste toeristen trekken het land door in een tourbus; dit is niet de goedkoopste optie, maar het ontbreekt u dan ook niet aan comfort. Dergelijke tours kunnen op korte termijn worden geregeld. Voor informatie en vertrektijden kunt u meestal terecht in de grotere hotels.

De staatsonderneming Astro verzorgt een dienst voor zowel de plaatselijke bevolking (die met peso's betaalt) en toeristen (die met CUC's betalen), al zijn er soms niet voldoende CUC-zitplaatsen beschikbaar. U kunt op het laatste moment een stand-by ticket kopen (*fallo*). Astro onderhoudt een verbinding met bijna elke plaats in het land, maar vele diensten vertrekken op alternerende dagen en soms zelfs midden in de nacht. Vertrektijden kunnen op het allerlaatste moment worden aangepast. Voor een duurdere ritprijs kunt u terecht bij Viazul voor betrouwbare, punctuele en comfortabele dienstverlening (alleen buitenlanders). De bussen zijn voorzien van airco die ijskoude lucht uitblaast en een toilet, maar ze onderhouden alleen diensten tussen de grote steden en toeristenoorden. De remise van Viazul in Havana is per taxi vanuit het centrum te bereiken. Hoewel er vaak wordt gestopt voor verfrissingen en snacks, is het aan te bevelen uw eigen mondvoorraad mee te nemen. Stap weer tijdig de bus in om te voorkomen dat uw stoel wordt bezet door een ander.

Het vervoer per lokale bus is erg goedkoop (betalen met peso's), maar u kunt niet reserveren. Lokale diensten worden onderhouden door provinciale ondernemingen waardoor u soms bij de provinciegrens moet overstappen en een ander kaartje dient te kopen. Ook hier moet u er rekening mee houden dat u geruime tijd in een *cola* doorbrengt. U wordt op een lijst bijgeschreven of krijgt een volgnummer. Wacht in de buurt tot u wordt afgeroepen, maar ga niet te ver want als u uw beurt voorbij laat gaan, staat u weer achteraan in de *cola*. Wees alert op zwendelaars die u vertellen dat uw bus al vetrokken is en u een zitplaats in een particuliere taxi proberen aan te smeren.

Vrachtwagen

Open vrachtwagens (*camiones*), minimalistisch ingericht voor personenvervoer, zijn een oncomfortabele, maar goedkope vorm van openbaar vervoer waarmee u relatief snel van de ene provincie naar de andere kunt reizen. Er zijn in elke stad vertrekpunten en de vrachtwagens rijden volgens een (flexibele) dienstregeling. U betaalt als u in de bak klimt en het tarief is een fractie van wat u voor de bus zou betalen. Het is bovendien een uitstekende manier om kennis te maken met de plaatselijke bevolking!

Taxi

Langeafstandstaxi's vindt u bij treinstations en interprovinciale busstations. Ze volgen een vaste route (vaak op de motorkap gekalkt) en vertrekken als ze vol zijn, waardoor u soms enige tijd moet wachten. Ze vormen echter een goed alternatief voor de cola bij het busstation. De *collectivos* (staatstaxi's, betalen met CUC's) zijn sneller en soms goedkoper dan de bus. *Máquinas* (staatstaxi's, met peso's betalen) mogen officieel geen buitenlanders

vervoeren, maar doen dat vaak toch. *Particulares*
(particuliere taxi's) zijn goedkoper dan de meeste andere
taxi's, maar u moet vooraf een ritprijs bedingen – ongeacht
of er een taximeter is aangebracht. Bij controleposten van de
politie krijgen chauffeurs een bekeuring als ze buitenlanders
vervoeren of niet over een geldige taxivergunning
beschikken. Bekeuringen worden echter meestal in de vooraf
bedongen ritprijs verdisconteerd.

Vliegtuig

Cuba stond aan de bakermat van de ontwikkeling van de
burgerluchtvaart. De International Air Transport
Association (IATA) werd in 1945 in Havana opgericht en
Cubana is een van de oudste luchtvaartmaatschappijen ter
wereld. De meeste internationale diensten worden
onderhouden met toestellen van het fabricaat Airbus,
maar de binnenlandse vloot bestaat nog voor het grootste
gedeelte uit oude Russische Antonovs, waarvan sommige
zijn omgebouwd van vracht- naar passagiersvervoer.

Alternatieven zijn Aerocaribbean (kleine, oude toestellen
en streng nageleefde gewichtslimieten) en Aerotaxi
(voornamelijk chartervluchten, toestellen voor vier
passagiers, het hele toestel huren). Deze maatschappijen
vliegen naar kleinere vliegvelden in heel Cuba. Tickets koopt
u bij de toeristenbalie van het hotel en reisagentschappen; bij
de kantoren van de luchtvaartmaatschappijen heerst altijd
chaos. Het is moeilijk om een vlucht van de ene stad naar de
andere te boeken als u zich niet in de stad van vertrek
bevindt (uitzondering hierop is Havana).

Vanaf 1998 hebben deze maatschappijen concurrentie gekregen van de Midden-Amerikaanse maatschappij TACA.

Huurauto

Om een auto te kunnen huren dient u te beschikken over een geldig rijbewijs of internationaal rijbewijs en paspoort, ouder te zijn dan 21 jaar en een borgsom te betalen (contanten of een niet-Amerikaanse creditcard) Er zijn geen internationale autoverhuurbedrijven in Cuba actief, maar de afhandelingsprocedure is dezelfde. Controleer de auto voor vertrek op eventuele schade en zie erop toe dat er geen onterechte toeslagen op de rekening verschijnen als u de auto weer inlevert. Het is aan te bevelen om een allriskverzekering te nemen waarmee diefstal en alle schade wordt gedekt. Er moet een toeslag worden betaald als u uw kopie van het huurcontract kwijtraakt en als u bij een aanrijding betrokken bent geraakt, dient u een afschrift van het door de politie opgemaakte proces-verbaal (*denuncia*) in te dienen bij de verhuurmaatschappij.

Benzine is verkrijgbaar bij de tankstations (*servicentros, servis*) van Cupet. Er zijn twee kwaliteiten benzine (especial en regular), maar buitenlanders krijgen altijd het duurdere especial. De servi vormt meestal de spil van een dorp en is doorgaans 24 uur per dag geopend. Buiten de steden zijn er nauwelijks benzinestations. Een goede wegenkaart is onontbeerlijk en op de *Mapa Turistico de Cuba* zijn de tankstations van Cupet aangegeven.

In antwoord op de crisis die het openbaar vervoer lam legde, gingen Cubanen massaal over op liften. Bij belangrijke kruispunten, verkeerslichten en spoorwegovergangen organiseren mensen die *amarillos* worden genoemd een *cola*; zij houden auto's aan om achter hun bestemming te komen en wijzen lege zitplaatsen toe aan lifters. Dit alles is legaal en kan een buitenlandse bestuurder eigenlijk goed uitkomen als hij niet bekend is in de omgeving. Het wordt buitenlandse lifters afgeraden om alleen te reizen.

De wegen verkeren in slechte staat en het is gevaarlijk om 's nachts te rijden.

Verkeersregels

Cubanen worden geacht rechts te rijden, maar daar wil op landelijke wegen nog wel eens van afgeweken worden; vaak kan dat ook niet anders door de gaten in de wegen. De toegestane snelheden zijn 50 km/u (bebouwde kom), 90 km/u (buitenwegen, soms ook 60 km/u) en 100-120 km/u (snelwegen, *autopistas*). Cubanen rijden echter vaak plankgas, maar gezien de technische staat van de voertuigen is dat meestal niet te snel. Bekeuringen voor snelheidsovertredingen moeten ter plaatse worden voldaan en op de *autopistas* worden vaak controles gehouden. Er is geen regelgeving ten aanzien van veiligheidsgordels, die overigens alleen te vinden zijn in huurauto's. Een alcoholconcentratie in het bloed van 0,8 promille is toegestaan, maar vooral buitenlanders mogen op een stevige bekeuring rekenen (ter plaatse voldoen) als ze beschonken achter het stuur zitten.

Als u een *punta de control* (controlepost) tegenkomt, moet u stilhouden. Op de meeste belangrijke kruispunten zijn wachthuisjes neergezet. Een rond verkeersbord met rode rand en daarin een rode driehoek met het opschrift '*pare*' betekent 'stop' en is geen aanduiding om voorrang te verlenen (dat is een driehoekig bord met gele achtergrond en opschrift '*ceda el paso*'). Verder wordt er gebruikgemaakt van de internationale verkeersborden en -tekens, die helaas niet altijd even duidelijk zijn geplaatst.

Als u betrokken raakt bij een ongeval, moet u uw auto laten staan en voorkomen dat andere voertuigen die betrokken zijn, worden verplaatst. Noteer alle relevante gegevens en neem contact op met de politie. Als iemand ernstig gewond raakt of omkomt, dient u contact op te nemen met uw ambassade. Als u naar het oordeel van de politie schuld hebt aan het ongeluk, kan uw paspoort worden ingenomen om te voorkomen dat u het land verlaat.

Fietsen en motorfietsen

Tot de jaren 1990 werden motorfietsen in de steden niet gezien als regulier vervoermiddel en een ieder die op een tweewieler naar het werk ging, werd versleten voor excentriekeling. De Speciale Periode bracht hier verandering in en tegenwoordig zijn er twintig keer meer fietsen dan auto's. Daarom zijn overal fietspaden en fietsenmakers te vinden.

Fietsverhuur komt nauwelijks voor en dan nog alleen in Havana, dus nemen buitenlanders vaak hun eigen fiets mee; neem in dat geval dan ook een helm en kettingslot mee om de fiets in een officiële stalling vast te leggen. Het komt regelmatig voor dat fietsers 's nachts in stille straatjes worden overvallen.

Er zijn enkele bedrijven waar u een motorfiets kunt

huren, maar voor een scooter of bromfiets kunt u terecht
in een van de vele toeristenoorden.

Veerboot

Veerboten en draagvleugelboten onderhouden vanaf
Suridero de Batabano aan de zuidelijke kust diensten naar
het Isla de la Juventud. Cubanacán heeft tussen Varadero en
Havana moderne catamarans in de vaart die 400 passagiers
kunnen vervoeren. Kleine veerboten verbinden de
kuststreek ten noorden van Pinar del Río met Cayo Levisa.

IN DE STAD

De meeste Cubaanse steden zijn opgebouwd volgens een
rechthoekig stratenplan. Evenwijdige straten (*calles*) worden
haaks gekruist door evenwijdige wegen (*avenidas*). In
sommige steden zijn de straten en wegen van een naam
voorzien, maar in andere kregen ze een nummer of letter,
gewoonlijk volgens een regelmatig patroon waardoor u op
eenvoudige wijze de weg kunt vinden. Elke stad heeft zijn
centrale *plaza* of *parque*. Sommige straten staan ook bekend
onder hun prerevolutionaire naam, wat soms voor
verwarring kan zorgen. Als u de weg vraagt, wordt de tijd die
u nodig hebt om uw bestemming te bereiken meestal te
hoog ingeschat.

De eenvoudigste, maar minst enerverende manier om
een stad te doorkruisen is de taxi te nemen. Het zal u niet
verbazen dat er aparte taxi's zijn voor toeristen (betalen met
CUC's) en voor Cubanen (betalen met peso's). Bij alle

hotels, op de luchthavens en drukke kruispunten in de steden zijn taxistandplaatsen te vinden, maar u kunt ook telefonisch een taxi bestellen of eentje op straat aanhouden. De meeste taxi's zijn voorzien van een meter die de ritprijs aangeeft – dat bedrag wordt aan de staat afgedragen. Meestal stelt de chauffeur buitenlanders voor om de taximeter niet in te schakelen – de (afgesproken) ritprijs verdwijnt dan rechtstreeks in zijn eigen zak.

Tot de andere, minder conventionele, vormen van openbaar vervoer in de steden behoren eivormige driezits motorscooters (*cocotaxi's*), riksja's, *bicitaxi's* en aangespannen koetsen (*coches*) die pittoresk maar duur zijn.

Stadsbussen (*guaguas*) zijn altijd druk en warm en vormen vaak het werkgebied van zakkenrollers.

De bussen volgen doorgaans vaste routes, maar u moet de weg weten om hier goed gebruik van te kunnen maken. De *ciclobus* is een inventief antwoord op de benzine-schaarste: een bus die passagiers en hun fietsen vervoert. De ritprijs voor stadsbussen is in heel Cuba minder dan een peso. *Lanchas* zijn waterbussen die de gemeenschappen aan de baaien van Havana, Santiago en Cienfuegos bedienen.

Het rijden in de stad is net zo 'interessant' als op de doorgaande wegen, vooral omdat verkeerslichten niet of niet goed werken en verkeersborden vaak ontbreken. Bij kruisingen is het vaak niet duidelijk wie voorrang heeft. Een belangrijke verkeersregel die u moet weten is dat u bij een rood verkeerslicht rechtsaf mag slaan (fietsers en voetgangers die rechtuit rijden hebben hierbij voorrang) als het onderbord *Derecha Con Luz Roja* is aangebracht.

Sommige straten zijn omgebouwd tot busbaan met fietspad. Parkeren is meestal gratis, maar in straten met eenrichtingsverkeer moet u aan de linkerzijde parkeren en uw voertuig wordt weggesleept als u op een plek parkeert die is gemarkeerd als *Zona Official*. De meeste hotels hebben een parkeergelegenheid, maar als u toch uw auto aan de straatkant parkeert, is het aan te bevelen om de portier een fooi te geven om uw auto in de gaten te houden. Huurauto's worden vaak gestolen en zijn eenvoudig te herkennen aan hun kenteken, die altijd begint met TUR.

WAAR TE VERBLIJVEN

Voor de Revolutie stonden in Cuba enkele van de beste hotels ter wereld. Die tijden lijken dankzij buitenlandse investeringen weer te zijn aangebroken want er worden volop luxueuze hotels en toeristische resorts gebouwd. Veel van de oude koloniale bouwwerken en vervallen hotels worden in hun oude glorie hersteld en conform de wensen van westerse gasten ingericht. De hoge prioriteit die wordt toegekend aan internationaal toerisme om harde valuta te genereren, heeft tot gevolg dat stroomstoringen zich minder vaak voordoen in de toeristenoorden dan elders in Cuba.

Hotels zijn ingedeeld via het internationale sterrensysteem, al kunnen de faciliteiten per hotel uit dezelfde categorie sterk verschillen. Het hoogseizoen duurt van december-maart en van juli-augustus. Het kost doorgaans weinig moeite om accommodatie te vinden, ook niet als u 's nachts aankomt. Het ontbijt is zelden bij de prijs van de kamer inbegrepen, tenzij u dat bij de reservering hebt afgesproken. Als u kennis wilt maken met de plaatselijke bevolking, kunt u het beste in een goedkoop hotel verblijven – hoe meer sterren een hotel heeft, des te minder Cubanen er komen. *Peso*-hotels zijn er voor Cubanen en dus kunnen buitenlanders hier zelden een kamer huren, al komt daar langzaam verandering in.

Een goed alternatief voor een hotel is bij particulieren te logeren (*casa particular*). De huizen die hiervoor een vergunning hebben zijn te herkennen aan een bordje met twee blauwe driehoeken en het opschrift *Arrendador Inscripto*. Het is toegestaan om bij een Cubaanse familie te logeren als ze ingeschreven staan als belastingbetaler. Als u ergens verblijft waar dat niet is toegestaan, riskeert uw gastheer een fikse bekeuring.

Officiële campings schieten overal als paddenstoelen uit de grond en bestaan meestal uit eenvoudige blokhutten in plaats van tenten en meestal is er een restaurant en zwembad. Wildkamperen of slapen op het strand is niet toegestaan.

GEZONDHEID

De Cubaanse overheid stelt geen inentingen verplicht, maar het is aan te bevelen om een vaccinatie te nemen tegen hepatitis A, tyfus, polio en tetanus. Als u recentelijk in gebieden bent geweest waar gele koorts en/of cholera heerste, zult u ook hier tegen ingeënt moeten zijn.

Cuba heeft een uitstekende gezondheidszorg, maar een

ziektekostenverzekering is desondanks aan te raden. Voor buitenlanders is de gezondheidszorg in ziekenhuizen en internationale klinieken niet gratis. In Havana behandelt het Ciro García ziekenhuis uitsluitend buitenlanders en in het Hermanos Ameijeiras ziekenhuis zijn enkele verdiepingen voor buitenlanders gereserveerd. Servimed, een door de staat opgezette maar op commerciële leest geschoeide zorgverlener speciaal voor buitenlanders, heeft vele klinieken. Bij de reguliere ziekenhuizen en klinieken krijgen buitenlanders meestal voorrang, maar u wordt geacht contant af te rekenen. Internationale hotels hebben vaak een arts in dienst en vele hebben een apotheek.

Apotheken hebben over het algemeen weinig medicijnen op voorraad; daarom is het verstandig om uw eigen medicijnen, zonnebrandmiddel en cosmetica mee te nemen. Internationale apotheken hebben een iets ruimere sortering, maar die vindt u niet in elke stad. De openingstijden van apotheken zijn: dagelijks 08.00-17.00 uur (*turno regular*); 08.00-22.30 uur (*turno especial*) en 24 uur per dag (*turno permanente*).

De meest voorkomende aandoening is diarree en u dient dan ook de gebruikelijke voorzorgsmaatregelen te nemen om dit niet op te lopen. Als de watervoorziening stilvalt, worden de hotels en plaatselijke bevolking per tankwagen voorzien van water. Openbare toiletten zijn nauwelijks te vinden, maar u kunt de toiletten in restaurants of bars gebruiken zonder iets te bestellen. Het is echter beleefd om te vragen of u gebruik mag maken van de sanitaire voorzieningen en soms moet u een klein bedrag betalen.

Insecten zijn eerder irritant dan gevaarlijk. U zult wellicht even moeten wennen aan het idee dat u uw kamer moet delen met diverse interessante insectensoorten, die zich vooral in de goedkope hotels ophouden.

Muggen zijn de grootste ergernis en hoewel ze geen malaria overbrengen, kunnen ze u in de avond en nacht urenlang lastigvallen. Neem een ruime voorraad insectenafweermiddel mee (met de werkzame stof DEET) en als u gaat kamperen een muskietennet.

Het is moeilijk om in restaurants, hotels en het openbaar vervoer niet mee te roken met omstanders. Cuba begint maatregelen te nemen om het roken aan banden te leggen, maar slechts weinig restaurants hebben een rookvrije ruimte en een rookverbod wordt bijna overal gewoon genegeerd.

MISDAAD EN VEILIGHEID

Geweldsmisdrijven komen in Cuba weinig voor en het land is aanzienlijk veiliger dan vele andere landen in de Caraïben en Latijns-Amerika. In 1999 stelde de overheid strenge straffen in voor alle misdaden en overtredingen die de toeristenindustrie schade toebrengen. De economische crisis en de toename van het toerisme heeft echter een toename van kleine diefstallen veroorzaakt, in het bijzonder rond de toeristische trekpleisters in stedelijke gebieden. Als u het slachtoffer wordt van diefstal of beroving, zal u normaalgesproken persoonlijk niets overkomen. Neem echter alle gebruikelijke voorzorgsmaatregelen en deponeer alle waardevolle artikelen in de kluis van het hotel (*caja de seguridad*). Ondanks dat er vele mensen die in dienst zijn van een CDR en u soms in de gaten wordt gehouden, moet u de nodige voorzichtigheid betrachten als u 's nachts op straat loopt. Probeer donkere achterafstraatjes te mijden. Ritselaars (*jineteros/as*) die u iets proberen aan te smeren (seks, marihuana) of iets van u proberen los te peuteren zijn helaas onlosmakelijk met Cuba verbonden. Alleengaande vrouwen worden het meest lastiggevallen.

De meeste Cubanen zijn vriendelijk en gastvrij en de keren dat een toerist wordt lastiggevallen of op het punt staat opgelicht te worden door een *jinetero*, komen passanten meestal tussenbeide. Misdaad dient aangegeven te worden bij de Policía Nacional Revolucionaria (PNR). De agenten zijn te herkennen aan hun blauwe broek en lichtblauwe overhemd. In de omgeving van toeristische trekpleisters patrouilleert een speciaal corps (donkerblauw uniform) om toeristen te beschermen tegen zakkenrollers. Als u bent beroofd moet u een afgestempeld proces-verbaal (*denuncia*) vragen om aan de verzekeringsmaatschappij te overleggen.

Het is illegaal om foto's te nemen van gebouwen en installaties die mogelijk een militaire functie hebben, zoals luchthavens – het is trouwens ook verboden om foto's te nemen in een vliegtuig dat zich in het Cubaanse luchtruim bevindt. Het wordt onbeleefd gevonden om foto's te nemen van *colas*, al vinden de meeste Cubanen het prachtig als er een kiekje van ze wordt gemaakt. Als u twijfelt, kunt u toestemming vragen, maar dan wordt er meestal om een (bescheiden) financiële bijdrage gevraagd.

hoofdstuk acht

BRIEFING VOOR ZAKENLIEDEN

ECONOMISCH KLIMAAT

Nu de Cubaanse overheid openlijk buitenlandse investeerders zoekt, zijn er vele mogelijkheden om zaken te doen met Cuba. Dit land ondergaat momenteel echter zeer geleidelijke en voorzichtige economische hervormingen en u dient twee dingen goed te onthouden. Ten eerste veranderen de wetten en regelgeving ten aanzien van buitenlandse samenwerkingsverbanden snel en niet altijd voorspelbaar. Ten tweede heeft het geen zin om in Cuba snel geld te willen verdienen – u zult moeten beschikken over veel geduld en bereid moeten zijn om veel tijd te investeren bij de opbouw van een zakelijke band voor de langere termijn.

Cuba onderhoudt tegenwoordig handelsbanden met vele landen – op een laag pitje zelfs met de Verenigde Staten. De geleidelijke groei van de handelsbetrekkingen tussen deze aartsvijanden is vooral te danken aan de inspanningen van de U.S.-Cuba Trade and Economic Council, een stichting die zich politiek neutraal opstelt en zich hard maakt voor de ontwikkeling van de handelsbetrekkingen tussen beide landen.

Spanje, Canada, Italië, Engeland, Mexico, Venezuela en China zijn tegenwoordig de grootste buitenlandse investeerders. Deze landen houden zich bezig op het gebied van energievoorziening, financiële dienstverlening, mijnbouw, productie, ICT en toerisme. De overheid streeft een uitbreiding van de investeringen in deze sectoren na en gaat zich ook bezighouden met de modernisering van diverse bedrijfstakken waaronder openbaar vervoer, bouw en biotechnologie (waar Cuba al een toonaangevende plek inneemt). Er zijn specifieke materialen en goederen die niet naar Cuba verscheept mogen worden.

De eerste Cubaanse vrijhandelszone werd in 1997 opgericht en in 2005 waren dat er inmiddels vier geworden: Havana, Cienfuegos, de havenstad Mariel en Wajay nabij de internationale luchthaven José Martí.

Cuba organiseert vele internationale handelsbeurzen en het Cubaanse bureau voor conventies geeft een gids uit waarin de belangrijkste data worden vermeld.

CUBA ALS ZAKELIJKE PARTNER

Als zakelijke partner heeft Cuba voordelen boven de meeste andere ontwikkelingslanden: een goed opgeleide arbeidsmarkt die in staat is zich in korte tijd nieuwe technologie eigen te maken, een adequate infrastructuur, sociale stabiliteit, laag misdaadcijfer, werkomgeving die veilig is voor buitenlanders, een strategische economisch-geografische ligging en het bijna ontbreken van corruptie.

Het zinspelen op douceurtjes of smeergeld zal de positie van de investeerder niet verbeteren en kan zelfs een averechts resultaat tot gevolg hebben. Transparency International, die wereldwijd corruptie in kaart brengt, plaatste Cuba in 2004 op de tiende plaats in Latijns-Amerika en de Caraïben – onder Chili en Brazilië, maar boven Mexico en Argentinië.

Tot slot maakt Cuba niet deel uit van de door de Verenigde Staten gedomineerde vrijhandelsgebieden, wat investeerders die niet in de V.S. actief willen zijn tot voordeel kan zijn omdat ze geen concurrentie hebben van andere Latijns-Amerikaanse landen.

Recente economische centralisatie heeft de investeringen vanuit het buitenland vanaf 2003 echter teruggedrongen. Cuba lijkt er de voorkeur aan te geven minder grote projecten in strategische sectoren toe te staan.

OVERHEID EN ZAKENDOEN

Als u in Cuba tot zaken komt, zal dat bijna altijd met de overheid zijn. De economie is nog altijd in handen van de staat en de kleine particuliere sector bestaat voornamelijk uit kleinschalige familiebedrijven. Buitenlandse ondernemingen kunnen een samenwerkingsverband (*empresa mixta*) aangaan met Cubaanse staatsbedrijven; zie bladzijde 43. Toch zijn er ook enkele 'autonome ondernemingen' die jaaroverzichten uitgeven en een raad van bestuur hebben. Vanaf 1995 is het toegestaan om een

100% door het buitenland bestuurde onderneming op te zetten, zij het met enkele beperkingen. Deze ondernemingen verschillen van staatsondernemingen in die zin dat ze hun eigen inkoop- of investeringsstrategie kunnen ontwikkelen – binnen de richtlijnen die door de staat worden aangegeven. Deze ondernemingen mogen hun moedermaatschappij ook buiten Cuba vestigen. Alle ondernemingsvormen zijn echter uiteindelijk gekoppeld aan een of ander bestuurslichaam van de Cubaanse overheid. U dient te onderzoeken hoeveel inbreng de staat heeft in de onderneming waarmee u zaken wilt gaan doen en welke diensten dat zijn.

Winsten die door de overheid worden afgeroomd, worden gestort in fondsen voor het subsidiëren van voedselproductie, openbaar vervoer, onderwijs en gezondheidszorg. Het is voor buitenlandse ondernemingen die in Cuba een dependance willen openen belangrijk om aan te geven in welke mate de Cubaanse bevolking hiervan zou kunnen profiteren, bijvoorbeeld werkgelegenheid, belastinginkomsten voor de staat en ontwikkeling van de economie. Ondernemers die milieubewust zijn en duurzame productie nastreven genieten in Cuba de voorkeur.

Het Investment Promotion Center van het Ministerie van Buitenlandse Investeringen en Economische Samenwerking (MINVEC) houdt een lijst bij van gewenste zakelijke investeringen. Het Cubaanse maandblad *Business Tips on Cuba* bevat veel informatie over sectoren waar investeerders voor worden gezocht.

HET WETTELIJKE STRAMIEN

De Cubaanse wet stelt alle economische sectoren open voor buitenlandse investeerders, met uitzondering van gezondheidszorg, onderwijs en de strijdkrachten (uitgezonderd de zakelijke tak hiervan, die als staatsonderneming wordt gezien). De wetgeving benadrukt echter dat alle samenwerkingsverbanden een bijdrage dienen te leveren aan de sociale en economische ontwikkeling van het land 'op basis van respect voor de soevereiniteit en onafhankelijkheid van het land en het rationele gebruik van natuurlijke grondstoffen'.

Met uitzondering van technisch specialisten en bestuurders, moeten Cubaanse werknemers worden ingehuurd via het Cubaanse arbeidsbureau. Er bestaat gedetailleerde regelgeving betreffende investeringen in de vrijhandelszones en industrieparken en het aannemen van buitenlands personeel.

Investeringen worden goedgekeurd door de ministerraad of een commissie van de overheid, hetgeen afhangt van de grootte van de onderneming, het te investeren kapitaalbedrag en andere factoren.

Samenwerkingsverbanden genieten een lager belastingtarief: winst wordt met 30% belast en ondernemingen betalen 11% personeelsbelasting en 14% bijdrage aan het sociale stelsel. De vrijhandelszones hanteren een milder belastingregime waarbij geen accijnzen worden geheven over geïmporteerde of geëxporteerde goederen. Er gelden geen beperkingen voor het overboeken van nettowinst naar het land van herkomst.

ARBEIDSKRACHTEN

Gedurende bijna veertig jaar waren Cubanen verzekerd van een arbeidsplaats voor het leven. Tijdens de Speciale Periode van de jaren 1990 ontsloeg de overheid vele arbeidskrachten om te voorkomen dat het land financieel zou ineenstorten. Om de hoge werkloosheid terug te dringen werd zelfwerkzaamheid toegestaan en gestimuleerd, maar velen vonden het afslanken van de overheidsdiensten niets anders dan massaontslag met een smoesje. Werkloosheidscijfers worden niet officieel bekendgemaakt, maar buitenlandse bronnen schatten dat 2,5-4,1% van de beroepsbevolking geen werk heeft (2004).

Vrouwen in de zakenwereld

De wetgeving en politiek hebben de deelname van vrouwen aan het arbeidsproces altijd gestimuleerd. Volgens een bron van de overheid (2005) maken vrouwen 45% deel uit van de civiele arbeidsbevolking; daarbinnen vormen zij 66% van de hoogopgeleide technici en specialisten.

Toch wordt er op hoger niveau nog altijd onderscheid naar sekse gemaakt, zij het minder dan in andere Latijns-Amerikaanse landen. Vrouwen bekleden in Cuba minder dan een derde van de bestuursfuncties en zijn ondervertegenwoordigd in de hogere echelons van de overheid.

VAKBONDEN

Het Cubaanse concept van een vakbond wijkt sterk af van het westerse. De hervormingen van de bonden na de Revolutie gingen er van uit dat in een communistische staat de belangen van arbeiders dezelfde waren als die van de werkgever (de overheid), dus hebben de bonden tot doel de politiek van de overheid in de praktijk te brengen en er op toe te zien dat economische doelstellingen worden gehaald. Ze houden zich niet of aanzienlijk minder bezig met het tegengaan van de uitbuiting van arbeidskrachten. De vakbonden controleren de kwaliteit van bepaalde sociale voorzieningen, zij het op paternalistische wijze.

De confederatie van Cubaanse vakbonden is nauw verbonden met de communistische partij en is tevens de enige erkende federatie van vakbonden. Onafhankelijke bonden berichten dat ze niet worden erkend door de overheid, net zo min als cao's of het recht om te staken. Een ieder die dit nastreeft wordt onder druk gezet en teruggefloten. In april 2003 dienden de Internationale Confederatie van Vrije Vakbonden en andere internationale vakbewegingen hierover een klacht in bij de Internationale Commissie van Vakbewegingen (ILO). Cuba ratificeerde de conventies van de ILO inzake de vrijheid van vereniging en onderhandeling, maar in 1952 (voor de Revolutie) werden de banden tussen de overheid en de ILO verbroken om nooit hersteld te worden.

HET BELANG VAN PERSOONLIJKE RELATIES

Een goede persoonlijke relatie is in Cuba onontbeerlijk
om goede zakelijke resultaten te behalen en het is
belangrijk om iemand tegenover u te hebben met wie u
goed kunt opschieten. Het is belangrijk om te weten dat
Cubanen sociale en persoonlijke aspecten in hun zakelijke
relaties verweven. Men gaat heel ver om een sfeer van
goede wil en vertrouwen op te bouwen die als basis dient
voor een geslaagde samenwerking.

Dergelijke zakelijke relaties komen echter vaak niet
geheel spontaan tot stand. In januari 2005 publiceerde het
Ministerie van Toerisme een overzicht van zakelijke
omgangsvormen die nageleefd dienden te worden door
Cubaanse managers in de toeristenindustrie en hun
collega's uit het buitenland. De meeste mensen
dachten aanvankelijk dat het een grap betrof,
maar feitelijk wordt er aangedrongen op de
bestrijding van corruptie, en het opbouwen van
efficiënte, eerlijke, professionele zakelijke relaties.

Onthoud dat uw contactpersoon, hoe
vriendelijk en enthousiast hij zich ook profileert,
handelt vanuit een streng gereguleerd en
bureaucratisch systeem dat vol tegenstrijdigheden zit. De
hogere echelons van de overheid stimuleren samenwerking
met buitenlandse ondernemingen omdat dit de nationale
economie van de ondergang kan redden. Gelijktijdig
worden samenwerkingsverbanden ongewenst geacht
omdat die sociale ongelijkheid tot gevolg zouden hebben.
Dat kan van invloed zijn op uw zakelijke doelstellingen.

VOORBEREIDEN

Cuba heeft zich, na een tientallen jaren durende afzondering van het westen, voor buitenlandse ondernemingen opengesteld. Dat betekent echter niet dat Cubaanse zakenlieden naïef zijn. Officiële cijfers zijn niet altijd betrouwbaar, maar Cuba wordt op veel fronten veel te laag ingeschat. Cubanen zullen het dan ook zeer op prijs stellen als u goed uw huiswerk doet en zich openstelt voor de Cubaanse cultuur en geschiedenis. Gedegen marktonderzoek, informatie over zakelijke partners en rationele prijsstelling is onontbeerlijk en u zult voordat u naar Cuba vertrekt al ter plaatse een contactpersoon moeten hebben. Het MINVEC en andere instanties kunnen u van dienst zijn bij het zoeken naar gepaste potentiële zakenrelaties. Naarmate de economie opkrabbelt, wordt de overheid steeds kieskeuriger over wie wel en niet wordt toegelaten als partner.

Het is belangrijk om te begrijpen dat alle zakelijke contacten via officiële kanalen aangeboord dienen te worden. U zult geen zakelijke vergadering kunnen beleggen zonder contact op te nemen met het MINVEC, de economisch attaché van de Cubaanse ambassade in uw land en uw ambassade in Cuba. Al deze instanties moeten hun medewerking verlenen om u van een zakelijk visum te voorzien – dat ook onontbeerlijk is. Deze instanties verschaffen u eveneens informatie over de algemene zakelijke omgeving en de kansen die zich in uw branche kunnen aandienen.

Het beste kunt u aanvankelijk deelnemen aan een handelsmissie die door de overheid is georganiseerd. De Kamer van Koophandel verzorgt lijsten met relevante contactpersonen in de gebieden die bezocht gaan worden. Als u aan een handelsmissie deelneemt, maakt u altijd kennis met de economisch attaché van de Cubaanse ambassade in uw land.

Vertegenwoordigers van de overheid die gemachtigd zijn beslissingen te nemen zullen de Engelse taal machtig zijn, maar het zal zeker op prijs worden gesteld als u een woordje Spaans spreekt.

VOORSTELLEN DOEN

Nadat een samenwerkingsverband is aangegaan, moeten er voorstellen worden ingediend bij het MINVEC. De zakelijke voorstellen zijn gebaseerd op een businessplan en haalbaarheidsstudie. Uw kans op succes neemt toe als u kunt aantonen dat u een gezonde zakelijke strategie voor de middellange termijn hebt en over de middelen en mogelijkheden beschikt om deze uit te voeren. Het voorstel moet worden begeleid door vele documenten zoals de wettelijke accreditatie van de onderneming die het samenwerkingsverband wenst aan te gaan en bijbehorende gefiatteerde jaarcijfers. Een concept wordt naar het MINVEC gestuurd en als geen bezwaren worden aangetekend, wordt het voorstel ter goedkeuring voorgelegd.

VERGADERINGEN

Kom op tijd voor vergaderingen. Ongeacht wat u hebt gehoord over de Cubaanse opvattingen over te laat komen, zou het geen goede indruk maken als u niet op tijd verscheen. Er is geen kledingvoorschrift voor vergaderingen en iedereen gaat informeel gekleed, zij het dat vrouwen zich over het algemeen netter kleden dan mannen.

Vergaderingen kunnen enorm veel verschillende vormen aannemen, maar ze verlopen doorgaans in gemoedelijke en efficiënte sfeer. De mate waarin protocol nageleefd dient te worden, hangt af van het niveau van de vergadering. Als een hooggeplaatst persoon van de overheid deelneemt, zal hij waarschijnlijk een korte toespraak of presentatie houden. Buitenlanders worden vaak verrast door het grote aantal deelnemers aan vergaderingen: het is niet ongebruikelijk dat dertig mensen aanzitten - iedereen die ook maar iets met het project te maken heeft is aanwezig. Slechts twee of drie van hen voeren echter het woord. Dat mag inefficiënt lijken, maar transparantie wordt er zeker mee gediend.

Een kleinere vergadering begint met een kopje koffie of zelfs een glaasje rum en een gesprek over koetjes en kalfjes om het ijs te breken. Visitekaartjes worden hierbij uitgewisseld. De vergadering kan aanzienlijk langer duren dan we gewend zijn, waardoor de deelnemers elkaar meteen wat beter leren kennen. Het heeft geen enkele zin om te proberen hier meer vaart in te krijgen en u moet vaak veel geduld hebben.

Cubanen nemen geen blad voor de mond als zij iemand persoonlijk spreken en kijken hun gesprekspartner hierbij strak aan. Het is belangrijk om tijdens een gesprek oogcontact in stand te houden, zeker als het een formele gelegenheid betreft. Wegkijken kan worden opgevat als een teken van wantrouwen of desinteresse. Als u voor een aantal mensen een presentatie verzorgt, kijkt u iedereen bij toerbeurt aan als u spreekt. Als u een lunch verzorgt, mag die niet te uitgebreid zijn.

ONDERHANDELEN

Verwacht niet dat u na een paar bezoekjes met een contract kunt komen aanzetten. Omdat alles strikt is gereguleerd en gecentraliseerd, is er weinig ruimte om te onderhandelen, maar er zijn aanwijzingen dat de overheid zich flexibeler opstelt als het gaat om sectoren die snel ontwikkeld moeten worden. Het chronisch tekort aan harde valuta en de zeer bescheiden financieringsmogelijkheden zorgen in Cuba voor problemen, dus zal men hard - maar eerlijk - onderhandelen.

Het is belangrijk om u te richten tot degenen die een adviserende functie hebben bij de beoordeling van uw voorstellen. U moet echter niet gaan lobbyen zoals in het westen, maar proberen met deze mensen een band van vertrouwen op te bouwen. Ook daarom duurt het zakendoen in Cuba langer dan elders.

BESLUITVORMING

Bij staatsondernemingen vindt besluitvorming collectief plaats en bijna alle lagen van het overheidsapparaat worden hierin gekend. Dat wil niet zeggen dat er bovenaan niet één persoon staat die de knoop doorhakt (die overigens voor aanzienlijke vertragingen kan zorgen), maar besluiten worden pas genomen als alle meningen van alle betrokken ministeries en partijen zijn gewogen. Op welk niveau beslissingen worden genomen hangt af van de omvang en strategische waarde van het project en de zienswijzen van degenen die een bijdrage hieraan leveren. Hoewel de bureaucratie inmiddels wat milder is geworden, wil dat niet zeggen dat er minder bureaucratie is. Het hangt natuurlijk van het project af, maar tussen de eerste kennismaking en de afronding kan zomaar een jaar verlopen.

Cubaanse ondernemingen verlangen tussentijds dat alle telefoontjes, faxen, brieven en e-mails worden beantwoord – als men ergens geen antwoord op krijgt kan het hele project zonder verdere aankondiging  stilgelegd worden. Het is niet altijd even gemakkelijk om de communicatie met Cuba te onderhouden, maar het is van het grootste belang dat dat gebeurt. Geduld en de bereidheid om de zakelijke relatie - en daarmee de zakelijke belangen - te voeden zijn onontbeerlijk.

CONTRACTEN

Veel aspecten van het besturen van een
samenwerkingsverband worden al in het contractuele
stadium vastgelegd en hoe duidelijker het contract
hierover is, des te beter. U zult voor het opstellen van
contracten gebruik moeten maken van de diensten van
een Cubaanse jurist of een jurist die zich heeft
gespecialiseerd in Cubaanse handelswetgeving. U kunt
hiervoor terecht bij een onafhankelijke jurist in Cuba of
een instantie in eigen land die zich heeft gespecialiseerd.
Cubanen hechten veel waarde aan contracten en zullen er
nooit een ondertekenen als niet alles geheel duidelijk is. In
die zin staan Cubanen zakelijk dichter bij Europeanen dan
bij Zuid-Amerikanen.

Omdat het in de praktijk is voorgekomen dat een
samenwerkingsverband eenzijdig werd opgezegd, dienen
contracten duidelijke clausules met betrekking tot
ontbindende voorwaarden en compensatiebetalingen te
vermelden. Houd wat dat betreft in het contract zelfs
rekening met verandering van regelgeving door de
overheid.

hoofdstuk negen

COMMUNICATIE

TAAL

Hoewel veel Cubanen Engels spreken (in het bijzonder in de toeristische sector), zult merken dat u met een beetje Spaans goede sier maakt. Cubanen stellen het op prijs als een buitenlander zijn best doet om hun taal te spreken en zijn zeer te spreken over degenen die zich de moeite hebben getroost om hun taal wat beter te leren.

Cubaans Spaans heeft een eigen ontwikkeling doorgemaakt en weinig mensen kunnen zich het accent eigen maken. Ook wordt er erg snel gesproken – in het bijzonder in Havana – waarbij medeklinkers worden ingeslikt. U hoort dan ook veel *cubanismos* zoals *guagua* (bus), *jaba* (tas om te winkelen) en *quedarse* (uitstappen). '*Aquí me quedo*' betekent: 'ik stap hier uit' en niet 'ik blijf aan boord', zoals u zou kunnen denken. Het werkwoord *coger* (nemen, pakken) wordt in Cuba vaak gebruikt, maar in andere Latijns-Amerikaanse landen wordt hiermee gerefereerd aan seksuele gemeenschap. In Cuba moet u overigens niet vragen om *papaya* als u papajafruit wilt – want met dat woord worden vrouwelijke geslachtsdelen omschreven. Een papajavrucht wordt hier *frutabomba* genoemd.

SCHRIFTELIJKE COMMUNICATIE

De geschreven taal is formeler en aanzienlijk bloemrijker dan spreektaal. De gangbare regels voor de Spaanse geschreven taal worden gebruikt. Evenals in andere landen is het taalgebruik in e-mails vaak minder formeel en beknopter.

Net als andere Latijns-Amerikanen hebben Cubanen een dubbele achternaam, die van hun vader en hun moeder. Als een vrouw trouwt, voegt ze de achternaam van haar man toe achter het tussenvoegsel '*espoza de*'. Een voorbeeld hiervan is: Rosalía Pérez López *(esposa)* de Gómez. Dat laatste wordt echter alleen bij formele gelegenheden gebruikt en in het dagelijks leven wordt zij Rosalía Pérez López genoemd. Haar dochter heet echter Victoria Gómez Pérez. Als een Cubaanse ambtenaar SOA achter uw naam schrijft op een formulier betekent dit *sin otro apellido* (geen andere achternaam).

MENSEN AANSPREKEN

Cubanen noemen elkaar – en soms ook buitenlanders – *compañero* of *compañera*, de revolutionaire aanspreektitel die na 1959 werd ingevoerd. Dit wordt echter niet als aanhef in een brief gebruikt, zeker als u de persoon niet zo goed kent. Gebruik hiervoor *Señor* (mijnheer), *Señora* (mevrouw) of *Señorita* (mejuffrouw); dit kan worden

afgekort tot *Sr.*, *Sra.* en *Srta.* Geachte mijnheer/mevrouw
wordt dus *Estimado/a señor/a.*

Als u iemand aanspreekt gebruikt u *señor, señora* of
señorita als u hun naam niet weet. Mensen die u beter
kent, kunt u aanspreken met *compañero* of *compañera.*
Hoe het ook zij, u zult binnen de kortste keren elkaar bij
de voornaam noemen. *Señor/a* wordt bij ouderen vaak
gebruikt als uiting van respect; soms hoort u zelfs het
ouderwetse *don/doña* gevolgd door de voornaam van
degene in kwestie.

Bij zowel schriftelijke als gesproken communicatie
speelt u op zeker als u het formele voornaamwoord *usted*
(u) gebruikt in plaats van het meer familiaire *tú* (jij), al
zullen Cubanen binnen de kortste keren vragen of u wilt
tutoyeren. Als u eenmaal met *tú* bent aangesproken, mag u
niet met *usted* antwoorden, want dat zou afstandelijk
overkomen.

OOG IN OOG

De spreektaal is informeel en direct en wordt
geaccentueerd door vele handgebaren. Als u van huis uit
gewend bent om in een beleefd gesprek over zaken uit te
wijden en af en toe over koetjes en kalfjes te praten, zal de
Cubaanse abruptheid u zeker verrassen. Om uw aandacht
te krijgen worden zinnen vaak voorafgegaan door de
uitspraak *Oye* (luister!). Als een Spanjaard de telefoon
aanneemt zegt hij '*dígame*' (spreek mij), maar Cubanen
zeggen '*oiga*' (ik hoor u) en noemen zelden hun naam.

Iets wat u ergerlijk zult gaan vinden is het gesis. Iemands aandacht verkrijgen door '*psst*' te zeggen wordt in Cuba niet als onbeleefd ervaren en wordt overal gebruikt. Mogelijk raakt u er ooit eens aan gewend!

Begroetingen

Er zijn geen vaste regels voor, maar in een zakelijke omgeving kunt u het beste iedere aanwezige even de hand drukken. Bij de eerste ontmoeting met iemand, geeft u hem een hand en stelt u zich gelijktijdig voor. Vrouwen kussen elkaar een keer op elke wang, ook als zij elkaar niet zo goed kennen. Dit kan zich zelfs voordoen bij een eerste ontmoeting als u bent voorgesteld door een wederzijdse kennis. Vrouwen en vrienden van verschillende sekse begroeten elkaar met een of twee kussen op de wang. Bij het afscheid wordt er vaker gekust.

Lichaamstaal

Cubanen zijn erg aanrakerig, wat tot uiting komt als ze elkaar iets duidelijk willen maken, elkaar troosten, steun of bewondering uiten, kleding bewonderen, enzovoort. Vaak ziet u twee mannen elkaar tijdens een verhitte discussie met een wijsvinger op de borst porren in een tempo waar een specht jaloers op zou zijn. Ze maken echter geen ruzie, maar hebben het waarschijnlijk over algemene onderwerpen zoals de prijs van schoenen of de honkbaluitslagen. Heteroseksuele stelletjes lopen vaak hand in hand op straat, maar twee mannen doen dat zelden.

MEDIA

Alle takken van de media worden gecontroleerd door de staat en worden streng gecensureerd. De overheid heeft er nooit een geheim van gemaakt dat zij de media een krachtig voertuig vond voor het doorsluizen van ideologisch gedachtegoed en de ontwikkeling van sociaal bewustzijn. Een buitenlandse redacteur van *Granma* zei dat de rol van de revolutionaire pers was om de Revolutie te prijzen en niet af te kraken. De informatie en meningen die via de pers worden geventileerd zijn bijzonder partijdig. De Cubaanse radio en televisie geven door wat de overheid van waarde vindt en houden zich geheel niet bezig met kijkcijfers of luisterdichtheid. Het ontbreken van reclamespots op televisie is echter verfrissend, al staan hier uitzendingen van de overheid en revolutionaire clips tegenover.

Televisie en radio

Er zijn drie nationale televisiezenders. De belangrijkste twee, Cubavisión en Telerebelde, zenden dagelijks rond het middaguur een nieuwsbulletin uit en verzorgen een avondprogramma van 18.00-23.00 uur (in het weekend en in juli/augustus later). Regionale zenders verzorgen voor die tijd een eigen programmering. Een derde zender, Canal Educativo, werd in 2002 opgericht als onderdeel van de Strijd der Ideeën (zie bladzijde 88).

Canal del Sol is een zender voor toeristen die in hotels te ontvangen is. Veel hotels zijn ook voorzien van satelliettelevisie. Voor Cubanen is satelliettelevisie niet te ontvangen; al schijnen inventieve *habaneros* van oude paraplu's schotels te hebben gemaakt, maar een ingreep van de overheid heeft ze bijna allemaal opgeruimd. Veel inwoners van Havana richten hun televisieantenne naar het noorden om Spaanstalige Amerikaanse zenders te kunnen ontvangen. De programmering van de staatszenders wordt afgedrukt in *Granma* en die van Canal del Sol in de zakelijke krant *Optiones*.

Er zijn zeven nationale radiozenders. Radio Taíno, die uitzendingen verzorgt van populaire Cubaanse en buitenlandse muziek maar ook informatie verstrekt over evenementen die op stapel staan, eetgelegenheden en het nachtleven, is de officiële zender voor toeristen. Deze zender hoort u ook op straat het meest. Veel zenders brengen Cubaanse muziek ten gehore, maar Radio Musical Nacional legt zich toe op klassieke muziek en Radio Reloj verzorgt uitsluitend nieuwsuitzendingen.

Veel mensen, in het bijzonder in en rond Havana, stemmen af op zenders in Zuid-Florida. In 1985 richtte de verbannen gemeenschap in Amerika Radio Martí op om antisocialistische en anti-Castro uitzendingen binnen Cubaans bereik uit te zenden. De Cubaanse overheid doet zijn uiterste best om dit radiosignaal te storen, al lukt dat niet altijd even goed. Zo is er ook de zender TV Martí die zelden ongestoord kan worden ontvangen. In Cuba is de BBC World Service via de korte golf te ontvangen.

Kranten en tijdschriften

Veel Cubanen zijn niet te spreken over de gedrukte media. Desondanks wordt *Granma*, het grootste landelijke dagblad en officieel orgaan van de communistische partij, door iedereen gelezen en zijn de krantenverkopers op straat gauw uitverkocht. Er is een wekelijkse editie voor buitenlanders (*Granma Internacional*) die wordt gedrukt in het Engels, Frans, Duits, Portugees en Spaans. Dit blad is niet alleen interessant vanwege de berichtgeving over commerciële doelstellingen en ontwikkelingen in de industrie, maar ook om zijn integraal afgedrukte toespraken van Fidel Castro; de onafgebroken kritiek op de buitenlandse politiek van de Verenigde Staten is echter ronduit vermoeiend.

Andere dagbladen zijn *Trabajadores* die de vakbonden vertegenwoordigt en *Juventud Rebelde*, de krant van de communistische partij voor jongeren (UJC). Beide zijn feitelijk uittreksels van *Granma*. Er verschijnen veel provinciale kranten en ook twee zakelijke weekbladen (*Optiones en Negocios en Cuba*). Het tweetalige weekblad *Cartelera* is voor buitenlanders het meest toegankelijk.

Tot de vele tijdschriften die in Cuba worden uitgegeven behoren *Bohemia* (culturele ontwikkelingen en dagelijkse kost, weekblad anno 1908), *Prisma* (tweewekelijks, tweetalig, vooral revolutionaire verworvenheden), *Palante* (humor) en *Revolución y Cultura* en *Gaceta de Cuba* (beide kunst en literatuur).

Er zijn nauwelijks buitenlandse dagbladen verkrijgbaar. Voor buitenlandse publicaties kunt u in Havana terecht in de hotels Nacional en Melía Habana. Boekwinkels hebben soms ook een bescheiden aanbod van buitenlandse dagbladen en tijdschriften.

TELEFOON

Sommige onderdelen van het communicatienetwerk van Cuba zijn nog afhankelijk van installaties die al in 1959 of eerder werden aangelegd. Uit de kleinere dorpen is het alleen mogelijk om binnenlandse gesprekken te voeren en voor rechtstreekse gesprekken met het buitenland kunt u alleen in Havana terecht. Aangevraagde gesprekken via de centrale kunnen lang op zich laten wachten. Cuba vormt als ontwikkelingsland echter een uitzondering omdat het telefoonnetwerk verder reikt dan de hoofdstad.

Inmiddels worden overal openbare telefoons geplaatst. Er zijn drie soorten die allemaal zijn aangesloten op de Empresa de Telecomunicaciones de Cuba SA (ETECSA), een samenwerkingsverband tussen de Cubaanse telefoonmaatschappij en een Italiaans telecombedrijf. Met het type telefoon dat prepaykaarten (*tarjetas telefónicas*) accepteert kunt u rechtstreeks internationaal telefoneren. Telefoonkaarten zijn verkrijgbaar in postkantoren, hotels en kiosken.

Regionale en internationale gesprekken kunnen worden aangevraagd via de centrale, maar de gesprekskosten zijn hoog. Met een particuliere telefoon

Nuttige telefoonnummers	
Interlokaal vanaf een openbare telefoon met telefoonkaart	0+ kengetal
Interlokaal via centrale	00
Internationaal via centrale; kosten voor ontvanger	09
Rechtstreeks internationaal vanaf een openbare telefoon met telefoonkaart	119
Als boven, vanuit een hotel	88
Nummerinformatie	113
Politie	116
Ambulance	114 of 118
Brandweer	115
Niet alle telefonisten spreken Engels.	

kunnen alleen binnenlandse abonnees rechtstreeks worden gebeld, al kunt u met een ETECSA-telefoon – die vaak bij buitenlanders die in Cuba werkzaam zijn is geïnstalleerd – rechtstreeks internationaal telefoneren.

Telex en fax worden veel gebruikt en dit is de aangewezen manier om een hotelreservering te maken of een auto te huren – u kunt dan een kopie voor eigen archief achterhouden.

Mobiele telefonie

Het huidige mobiele netwerk is in het leven geroepen voor buitenlanders en de dekking is niet optimaal. De provider Cubacel verkoopt abonnementen aan zowel buitenlanders als Cubanen, maar de gesprekskosten zijn hoog. U kunt proberen uw eigen mobiele telefoon te gebruiken met een SIM-kaart van Cubacel, maar daar zijn niet alle mobiele telefoons geschikt voor.

CUBA EN INTERNET

Vrije toegang tot internet is in Cuba een heikel onderwerp en iets waar critici in het buitenland het altijd over hebben. De meeste Cubanen hebben geen computer en hoewel het aantal e-mailadressen gestaag groeit, zijn dat meestal zakelijke adressen in Havana. Voorrang voor een aansluiting wordt gegeven aan overheidsinstellingen, scholen, zakelijke ondernemingen en academici. Internetcafés zijn zeldzaam en meestal gevestigd in de hotels rond de zakenwijken. Prepaykaarten voor e-mail en internet zijn echter in toenemende mate verkrijgbaar via de verkooppunten van ETECSA en kunnen gebruikt worden in ETECSA-kantoren waar computerruimtes zijn ingericht, maar ook in hotels.

Via internet krijgen Cubanen veel informatie over hun land, maar die wordt veelal verspreid door Cubanen die hun land hebben verlaten. Ook als de informatie niet afkomstig is uit de hoek van de in Amerika woonachtige bannelingen, is deze overwegend anti-Castro omdat positieve informatie uit Cuba schaars is en vaak onbetrouwbaar.

POST

De postkantoren zijn lang open, van 08.00 tot vaak 22.00 uur. Desondanks vormen zich vooral in het weekend lange rijen voor de loketten. Postzegels zijn ook te koop in hotels.

De postdienst is traag, maar als u een brievenbus in de buurt van een postkantoor gebruikt, worden uw poststukken wat sneller besteld. Alle buitenlandse post loopt via Havana en vanuit afgelegen delen van het land duurt het al een week om een brief in Havana te krijgen.

Een brief naar Europa is drie tot vier weken onderweg. Cubanen vragen buitenlanders vaak om brieven mee te nemen en in het buitenland voor ze te posten. De veiligste en snelste manier om dringende brieven en postpakketten te verzenden is via een internationale koeriersdienst.

Cubanen versturen nog veel telegrammen en u kunt hiervoor op elk postkantoor terecht.

CONCLUSIE

In Cuba heerst een grotere mate van gelijkheid onder de bevolking dan in andere Latijns-Amerikaanse landen en overal is sprake van een verfrissende egalitaire mentaliteit die onlosmakelijk is verweven met vriendelijkheid. De belangrijkste factor die dit in stand houdt is de gezamenlijke wil om Cuba uit handen te houden van de Verenigde Staten. Dat is echter slechts één factor die de Cubaanse gemeenschap zo hecht maakt. We hebben ook kennisgemaakt met de krachtige gemeenschapszin, de vitaliteit van stadswijken en buurten en het belang van persoonlijke netwerken.

Cuba is zeker een land met een heldere kijk op de eigen identiteit die een diep gevoel van vaderlandsliefde bij alle ingezetenen (en bannelingen) oproept, ongeacht de politieke geaardheid van het individu. De passie, vrijgevigheid, onafhankelijke geest en uitbundigheid van het Cubaanse volk zijn kwaliteiten waarmee u het beste ter plaatse kunt kennismaken.

Register

Dankbetuiging

Veel mensen hebben me bij de totstandkoming van dit boek bijgestaan en
van informatie voorzien, maar het zou niet zijn verschenen zonder de hulp
van Lynn Davie van de gemeente Aberdeen; David Jessop, directeur van
Cuba Initiative, London; Emily Morris van de Economist Intelligence Unit;
Santiago Pujol, Cubaans ontwerper; dr. Stephen Wilkinson van University
College London; en ook mijn echtgenoot, Graham Denyer. Mijn
welgemeende dank aan allen.